澤木耕太郎

飛光よ、飛光よ

陳寶蓮 譯

# 飛光啊！飛光啊！

SAWAKI Kotaro

# 深夜特急

第3便　飛光よ、飛光よ

3

特別版作者序

# 重生——致臺灣的新讀者

從去年到今年，日本的TBS廣播電臺播放了一檔朗讀《深夜特急》全文的廣播節目。這個節目在每晚十一點左右播出約三十分鐘，雖說是週一到週五連續播放，卻也持續了將近一年之久。

朗讀者是演員齋藤工先生，他在繁忙的行程中，完成了這一年的朗讀。

我從二十六歲開啟的《深夜特急》之旅，也是一段歷時整整一年的漫長旅程。然後，我將這趟旅程寫成三部遊記出版，耗費我人生中好長一段年歲。

不過，朗讀《深夜特急》並將全書有聲化的過程，似乎也需要極其龐大的時間和精力。每晚，齋藤先生那低沉柔和的聲音從廣播中流瀉出來。我在聆聽他朗讀《深夜特急》時，往往感到奇妙，暗忖著這真的是我寫的文字嗎？

因為他的朗讀，這本書變得更加有趣、驚險、幽默、哀傷，有時則顯得無比美麗。

回想起來，二十多年前，《深夜特急》曾被改編成電視劇。

主角是大澤隆夫先生。如今，他已是日本電影界舉足輕重的演員，能夠駕馭形形色色的劇中人物，但當時他還是一位乍看之下有些青澀、對未來充滿迷茫的年輕演員。

然而，就像當年二十六歲的我，為了拍攝，大澤先生也展開了橫越歐亞大陸的長途旅行。在這段旅程中，他和我一樣有所改變，成為一位既勇敢又堅韌的演員。

拍攝歷時約三年。我在拍攝的最後一站倫敦迎接攝製組。當時，我觀察到大澤先生因為旅途中的勞頓，整個人顯得消瘦黝黑，卻也同時驚訝地發現，他似乎變得更強壯了。

齋藤工先生和大澤隆夫先生這兩位日本優秀的演員，透過聲音和影像重新詮釋《深夜特急》，賦予了這部作品新的生命力。

不，也許不只是齋藤先生和大澤先生，所有《深夜特急》的讀者都經由閱讀這本書，讓《深夜特急》的世界再次躍然紙上。無論是少年、青年、中年、老年，無論是男性還是女性，讀者與主人公「我」一同遠征歐亞大陸的盡頭，一同為作品注入新的活力。

《深夜特急》的主人公「我」，也就是新的讀者「你」。我由衷盼望《深夜特急》的世界能充滿朝氣地重生在你我面前。

澤木耕太郎

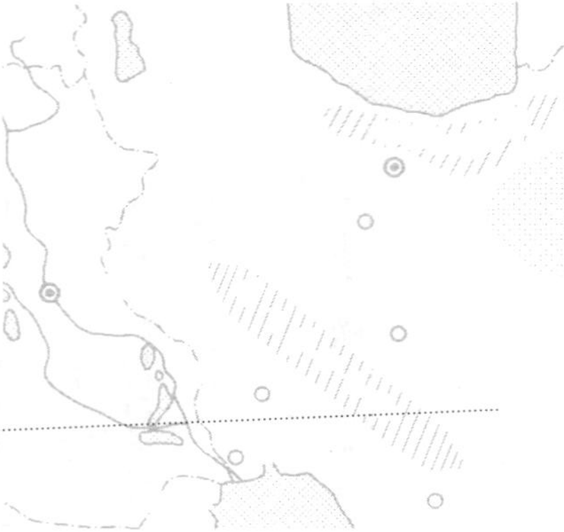

# 第三班車　飛光啊！飛光啊！

目次

特別版作者序　重生——致臺灣的新讀者　2

第十三章　充當使者　土耳其　11

在安卡拉扮演「使者」角色的我，到了伊斯坦堡，就享受往返歐亞之間渡輪的「五點五里拉優雅之旅」……

第十四章　志願為客　希臘　93

有什麼不同——我從土耳其進入希臘，就是從亞洲進入歐洲、從回教圈進入基督教圈、從茶葉國家進入咖啡國家了……

第十五章　絲與酒　寄自地中海的信　155

我此刻正在有如敲碎全世界寶石鋪於其上的壯麗地中海上。然而，我在船上感到的卻是不可思議的深深失落感……

第十六章　羅馬假期　南歐（一）　167

米開朗基羅的〈聖殤像〉帶給我莫大的衝擊，和六十一歲的「安妮公主」度過短暫的「羅馬假期」後，我取消威尼斯之行，一路直奔摩納哥的賭場……

第十七章　海角之岬　南歐（二）　223

在馬德里，白天逛跳蚤市場，晚上混跡酒館，被「無」腐蝕的我終於在葡萄牙海角之岬薩格雷斯捉住「結束旅行」的時機……

第十八章　飛光啊！飛光啊！　終點　277

在巴黎盤桓數週後啟程前往倫敦。雖在海關遭遇一點麻煩，總算無事到達終點，但當我去中央郵局打電報回日本時……

後記　301

## 第一班車　黃金宮殿



## 第二班車　波斯之風

第三班車

# 飛光啊！飛光啊！

# 第十三章 充當使者

土耳其

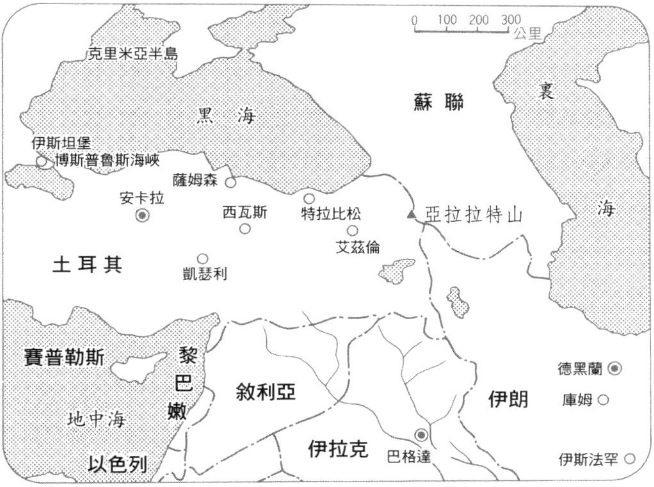

# 1

傍晚六點不到，巴士抵達德黑蘭。

車子在上午十點鐘從伊斯法罕開出，扣掉途中休息的時間，大約七個小時便到。我從德黑蘭南下時是坐夜車，欣賞不到沿途風景，這次北上，總算能飽覽沿途風光。伊朗最大聖地庫姆（Qom）的清真寺景觀極美，沉浸在夕陽裡的金色圓頂光燦耀眼。

可惜秋日苦短，巴士抵達終點站時天色已暗。本來打算再去阿米卡碧街找家廉價旅館安頓身心。可是當我拿下放在車頂的背包，走在接連停放著幾十輛巴士的漆黑夜路時，突然閃過一個念頭。

即使今晚留下，總有一天還是要去土耳其。如果從德黑蘭出發，大概要走經過亞拉拉特（Ararat）山麓的艾茲倫（Erzurum）的那條路線吧！我必須先去幾家巴士公司查問一下時間。

我先找坐過三趟、相當滿意的伊朗觀光巴士公司。

好不容易找到，才開口問那埋頭填寫資料的中年職員「往艾茲倫的巴士……」，他猛然抬頭大喊：「快！」

我愣在那裡，他霍地起身指著右前方說：「快！開車了！」

看來像是往艾茲倫的巴士正要開車。我悠哉地說：「不忙，我今天不走。」

他像說「別耍人嘛」似的揮揮手，重新坐下。

「下班車什麼時候？」我問。

「下個禮拜五。」他不當一回事地隨口說。

那不就是一個星期以後嗎？

這回輪到我慌了。在無所事事的德黑蘭，再怎麼找樂子，一個星期還是很難熬過。

「還能上車嗎？」

我完全忘了還有其他巴士公司，焦急地問他，他用力點頭說：「跑啊！」

我扛起背包便跑，可是幾十輛巴士中哪一輛開往艾茲倫呢？我跑了幾步，不得不停下來問人。

「艾茲倫？」

有人搖頭，有人指個方向。我照他指的方向跑去。這樣重複幾次，總算找到開往艾茲倫的巴士。

真是千鈞一髮。因為行李工已坐在司機旁邊，正要關閉車門。

「艾茲倫？」

我向巴士裡面大喊，司機和行李工一同說「是啊、是啊」。

講價。

我鬆口氣，卸下肩上的背包。行李工下車，要把背包放進車身的行李廂。我立刻開始

「到艾茲倫多少錢？」

「七百五十里爾。」

那時，我才發現我身上幾乎沒有伊朗貨幣。

之前我在每個國家，都怕錢會用不完，一次不肯兌換太多。因為我多半是找匯率較佳的兌換所，換多了也不能再換回來。我所經過的國家，只要沒有正式的兌換證明，銀行通常也拒絕將本國貨幣兌換為他國貨幣。

我本來打算在伊斯法罕換在德黑蘭要用的里爾，不巧那天是星期五休假，所以沒換成。

「可以用美金嗎？」我問。

司機從駕駛座上大聲說：「ＯＫ，ＯＫ。」

「美金多少？」我又問。

司機和行李工用波斯語交談幾句後，比出十二的手勢。

七百五十里爾相當於十一、二美元。他們開價並無不當，但我嘗試性地說「別開玩笑、應該便宜一點吧！」時，竟然立刻降到十一美元。

「再便宜一點！」

我還撐著，他們面面相覷。七百五十里爾是正常票價。我既然要坐，他們就直接告訴我票價。這輛巴士反正要跑這一趟，按常理司機會想多載一個是一個。我隔窗窺看車中，還有許多空位。霎時態度強硬起來，但討價還價半天，延誤開車，造成其他乘客困擾也不好意思。我看時機差不多時，擺出「再少一點可以嗎」的姿勢，司機和行李工又相互對看，交談一兩句後說十塊半。

我拿出一張十元的美鈔，強勢地用日語說：「這樣就算了吧！」笑著和行李工握手，他也不自覺地笑著回握我。那一瞬間，我對自己如此習於討價還價有著些微的厭惡。

我坐在後面的空位上。乘客大部分是伊朗人和土耳其人，只有中央靠後的位子上坐了幾組外國人。巴士開動不久，也沒有自我介紹，外國人就交談起來，因而知道彼此是哪國人。坐在我斜前方的是美國白人，坐在他前面，帶著一個七、八歲小孩的年輕男女是法國人，我隔座前兩排坐的是四個膚色淺黑的斯里蘭卡人。

美國人身穿不像坐這種巴士旅行的整潔服裝，看不出年齡，有點奇怪的氣息。他們要從土耳其進入伊拉克。我問他簽證怎麼辦，他說不需要簽證。我問他是美國人入境伊拉克不需要簽證嗎？他說他不需要。我又問是做生意嗎？他說不是。我看不出他究竟是哪一種人。

要說看不出來，那個法國親子組更難分辨。男女都是嬉皮裝扮，如果他們真的是嬉皮，小孩不就沒有上學而一直在旅行嗎？我介意的是小孩眼中浮現出對外界毫不關心的神色。大概隨著年輕父母浪跡各地之際，好奇心也被消耗殆盡了。

比較起來，要去德國的斯里蘭卡人目的就很清楚了。他們從斯里蘭卡到印度、經由中近東到歐洲工作。他們也是大步橫跨歐亞大陸的往來者之一。

從伊朗開往土耳其途中，車內格外安靜，因為乘客較少，對總是坐在擁擠嘈雜車中的我來說，那種安靜總覺得少了什麼。能聽到的只是斯里蘭卡人的竊竊私語聲。

我問過美國人，確定這輛巴士開往伊斯坦堡，途中停靠艾茲倫和安卡拉，到達艾茲倫大概是第二天晚上。加上從伊斯法罕到德黑蘭的七個小時車程，等於連續坐了三十多個小時的車。想到這點，不覺有些煩膩。

下午八點半，車子停靠路邊的餐廳休息。乘客在那裡吃稍遲的晚餐。

我點了雞肉燴飯作為向伊朗的告別紀念。在伊朗，雞肉燴飯是挺容易入口的飯菜，一客八十里爾，絕不便宜。那幾個斯里蘭卡人吃得很省。一個人叫杯茶大家輪流喝，嚼著上車前買的麵包。

休息時間結束，乘客零零星星回到車上。我上車前，在餐廳角落買了五里爾的葡萄乾。買之前，我告訴自己，這是以備萬一。儘管這輛車是正規的長途巴士，也未必不會像上次那輛嬉皮巴士一樣在山中迷路。遭遇山難的人靠一片巧克力奇蹟得救的例子不是沒有。萬一時期，這些葡萄乾很可能讓我延命幾天。因此我是為萬一而買……。

雖然這點錢不算浪費，但我不這樣想就不敢買，我的「節儉強迫症」或許已相當嚴重。其實，我是渴望吃到甜食。蛋糕太貴，買不下手，葡萄乾還可以。就此而已。

開車不久，一個斯里蘭卡人突然大喊，「停車！停車！」

他死命地喊，其他人也站起來，指著車後的方向。另一個人也用手掌拍自己的腦袋。

我於是明白，因為車窗開著，風吹走了他的帽子。

「Stop!stop!」

我叫出來，幾乎同時弄清楚事情的美國人也一起喊：「Stop!stop!」

在眾人突然同聲齊喊停車聲中，司機莫名其妙地減速。車子終於停下時，距離斯里蘭卡人最先喊停的地點已有相當距離。遠處一片漆黑，就算是白天，也看不到已被吹得老遠的帽子。要是別人，恐怕就死心了。可是帽子的主人要求司機開門，一溜煙地奔進夜路裡。他的身影完全融入黑暗中，很快就看不見。我們被他的執著懾服，沒有人抱怨行程受到耽誤。

約莫二十分鐘後，斯里蘭卡人滿面笑容地走上巴士，右手緊緊握住汗水灰塵交織的舊帽子。乘客為他鼓掌，他有點不好意地舉起緊握帽子的手，坐回自己的位子。這個小插曲紓解了車上的沉悶空氣。

我們當然不至於像嬉皮巴士那樣開始胡鬧。但怎麼說，這還是一輛生活巴士。

十點過後，乘客逐漸入睡。我也靠著窗戶，用外套當枕頭。閉上眼睛，但怎麼也睡不著，種種思緒浮起又消失。

車上開著暖氣，非常溫暖，但車外相當寒凍。我再次睜眼，看到自己映在窗玻璃上的模糊臉孔時，胸口隱隱作痛。但是我沒有多想，只是一直凝望窗外的幽暗。

## 2

輾轉難眠的夜過去了。

我坐起身來，打個大哈欠，轉動肩膀和脖子。睡眠姿勢侷促，一覺起來渾身發疼。而且暖氣太強，喉嚨感覺一陣乾澀。夜裡幾度睜眼，天都沒亮，只好勉強閉上。神思完全清醒，不只是窗外已經泛白，也因為喉嚨乾澀。好像不只我是這樣，其他乘客也紛紛咳嗽清清嗓子。

巴士奔馳在伊朗的乾燥地帶。道路兩旁只是坡度緩和、寸草不生的丘陵。隨著高度上升，布滿水滴的窗玻璃顯露車外的空氣冰冷稀薄。

上午七點，巴士停靠街邊的餐館。

早餐吃麵包、蜂蜜和紅茶。二十五里爾、一百二十日圓。除了那四個斯里蘭卡人外，我比其他乘客都吃得省，卻還愧疚是不是花太多了。一過國境，伊朗的里爾就用不上了。我雖然知道，就是大方不起來。在日本時，我雖然不浪費，也絕對不是吝嗇鬼，總是大方地花光口袋裡的錢。但是這次出來旅行後，節儉好像變成我的第二習性般凡事都能省則省。這種傾向與時俱增。雖然心裡想著沒有錢再走下去時就結束旅行，但仍然害怕旅行必須中途停止，因此使我對花錢有著超過必要的顧慮。

巴士一小時後出發。

太陽越高越襯顯天空的藍。這時，巴士和來自土耳其那邊的大型卡車、拖車等會車的情況也多了。印在卡車車身的公司名稱，從燃料到食品等所有生活相關物品都有。

這還是頭一次在公路上見到這樣多的歐洲車牌。不久，泛亞公路便在伊朗和土耳其國境交接處結束，接上泛歐公路。我心中一緊：亞洲之旅已經結束了。

右邊突然看到山。好像是亞拉拉特山。很像富士山，一座高山孤立。應該有五千多公尺，但因為稜線和緩，感覺沒那麼高。

亞拉拉特山之所以出名，因為是《舊約聖經》裡「諾亞方舟」的漂著地。〈創世記〉裡記載，上帝後悔創造了人類，決定發大洪水毀滅所有人類。只有正直的諾亞一家受到

「祖護」。上帝命令諾亞預造松木方舟，帶著所有動物各一對度過洪水巨災。經過數百天的漂流，等到洪水消退，才知方舟漂到亞拉拉特山頂。直到今天，尋找方舟遺物的話題仍然熱鬧著外國的媒體。

我在好幾本書上看過，「諾亞方舟」故事的原型來自美索不達米亞的「大洪水傳說」。但是亞拉拉特山這個名字讓我印象深刻，不是因為《舊約聖經》或美索不達米亞，而是一部電影。

那是一部描述雙重間諜的好萊塢片，「西方」諜報機關揭發投誠的「東方」間諜謊言，關鍵就在亞拉拉特山。片中，亨利方達扮演的CIA局長要查證扮演KGB要角的尤勃連納是否真心投誠。兩人最後對決時，亨利方達逐一揭發尤勃連納的謊言。其中最重要的證據是尤勃連納和英國諜報人員拍攝到的一張照片。尤伯連納說那是蘇聯位在亞拉拉特山麓的基地。但是亨利方達的部下將照片放大投影在白板上，再用筆描出山的形狀後，清楚看出山頂的左峰較高，與真正從土耳其這邊拍攝的亞拉拉特山照片投影時右峰明顯高出的情況正好相反。也就是說，那是為欺騙「西方」諜報機關而在前蘇聯境內假造的基地。

果然，在我眼前的亞拉拉特山頂是右峰比左峰高。如果從反方向拍攝，是該有清楚的不同。電影中疏忽這點的蘇聯諜報組織未免太遜了。真正的KGB應該精明一些吧……。

想著這些無聊事，正午以前，巴士便抵達伊朗名稱巴札干（Bazargan）、土耳其名居布拉克（Gurubulak）的國境地點。

我們下車辦理通關手續。

通關手續簡單得驚人，加上兩國的國境事務所比鄰而建，審查手續比過去通過的任何一個國境都要乾脆俐落。

NATIONAL POLICE OF IRAN

DEPARTURE

BAZARGAN BORDER

蓋上伊朗移民局的大印，海關只瞄一眼我的行李就放行，我轉到緊鄰的土耳其海關檢查，再繞到土耳其移民局蓋章。

TC.AGRI***

GIRIS

GURBULAK HUDUT KAPISI

伊朗關防是英文，土耳其則是土耳其文。從伊朗的出境大印推測，「GIRIS」是土耳其文入境的意思，「HUDUT」是國境、「KAPISI」是事務所的意思。「***」部分墨水滲開、無法判讀，但「AGRI」是亞拉拉特的土耳其名。看不懂的是「TC.」這個簡稱。可能意味著土耳其共和國，也可能是縣或省的意思。

不論如何，蓋上這個入境大印後，我順利入境土耳其。

但這並不意味著一切順利無誤。

國境事務所前停著數量龐大的卡車和拖車，依序等候出入境審查。乘客簡單辦好通關手續後，還得等巴士辦完手續才能出發。沒辦法，乘客只好在銀行換錢、到商店吃午餐，或是到外面欣賞亞拉拉特山景。

我換了二十美元的土耳其里拉。一里拉約等於二十日圓。

我用換好的錢匆匆解決一餐。烤肉加麵包共八里拉、約一百六十圓。洋梨兩個一里拉，紅茶一杯半里拉。一餐飯吃下來，大概可以掌握到土耳其物價的高低。扣掉國境地點的超額部分，感覺比伊朗便宜，最差也和伊朗一樣。我對土耳其物價還沒達到歐洲國家的水準而放心。

但是我和土耳其商人的第一次接觸並不愉快。

賣紅茶的是個十歲小孩。我要一杯，問他價錢，他說一里拉。我不疑有他，付了錢，可是看到喝第二杯茶的伊朗人只給一里拉，我才知道一杯只要半里拉。我想找錢而伸出手，起初他還假裝不知，但看我不像輕易罷休的樣子，於是笑笑，把半里拉的銅板丟給我。

一個半小時後，巴士總算能夠出發。

車子從這裡切入泛歐公路的二十三號線，意外的是這段路並沒有鋪設柏油。車子奔馳在砂石路上的懷念感覺頓時甦醒，但顛簸得很厲害。

這時我突生便意。糟糕，後悔在國境時沒上廁所。只有等途中休息時再上……可惜我想得太天真。

巴士一路奔馳，沒有停車的意思。看來這輛車是打算一路不停直接開到艾茲倫。可是我的便意一陣緊過一陣。好像要拉肚子。是哪裡不對勁？我一一回想昨天吃的東西，想不起有什麼不對的地方。我只吃了最低限度的食物。真要腹瀉恐怕還沒多少東西可瀉，但如果那些東西沒有完全消化完畢、變成能量供應身體的話，可真糟糕了。

「真是不爭氣！」我斥責自己的肚子，可是情況更加惡化。

我想欣賞窗外風景以轉移注意力，但間歇襲來的激烈便意讓我只能咬牙握拳硬忍。好幾次差點破肛而出。一陣衝擊過去，緊接著又是更厲害的一波。我生氣怎麼沒人抱怨。究竟這輛巴士開往何處？還要多久才到艾茲倫？我想打開地圖來看，但地圖塞在旅行背包裡，不在手邊。每看到一個鄉鎮，就高興地想「啊，這一定是艾茲倫了！」可是巴士逕行駛過，「啊！又搞錯了！」的絕望襲上心頭。

這麼長的一段時間坐過形形色色的巴士，坐得這樣痛苦還是頭一遭。只能說過去是幸運。一陣緊過一陣的腹痛大浪讓我冒出冷汗，心想要向全世界的神佛祈禱嗎？此時我能做的只是緊掐大腿肉。到了艾茲倫後肯定是滿腿淤青，但只要能幫我撐住，淤青算什麼。

經過迪亞丁、卡拉凱斯，接近波拉桑鎮時，我已完全認定那就是艾茲倫。等到車子又呼嘯而過時，我幾乎要放棄了。我也可以像斯里蘭卡人那樣大叫停車。可是，下車後要到哪裡方便呢？算了，我還是抱緊肚子繼續忍耐一波又一波的腹痛衝襲。我居然還有心情去想，女人生孩子的陣痛就是這樣嗎？但沒多久，更恐怖的衝擊湧來……。

就在我一忍再忍中，天色逐漸發黑。不久遠處出現燈光，我已不想再失望，指著前面的城鎮大聲問行李工：「艾茲倫？」

行李工用力點頭說「Yes!」

我聽來有如天使的聲音。

## 3

外國人裡面只有我在艾茲倫下車。其他人不是去安卡拉就是伊斯坦堡。我和他們一一話別，一下車，就被激起全身雞皮疙瘩的冷空氣包覆。

行李工取出我的背包遞給我，有很重的汽油味。仔細一看，背包上沾著黑色的污漬。可能是灑出來的汽油滲進去了，想到以後必須揹著這臭背包行走時，有些不快。我抱怨幾句，行李工也無奈，只是搖頭。我突然閃過一個念頭，或許這是我把票價殺得太多的報應。

我認了，專心去找旅館。我本來打算一到艾茲倫就衝進車站廁所，可是巴士停靠的只是豎著一根路燈的路邊，不見旅館的拉客黃牛。我問一名土耳其乘客廉價旅館的方向，揹起飄著汽油味的背包走在夜路中。

艾茲倫這個小鎮幽暗寂靜得讓人輕易相信「在昨天以前它還是以馬為主要交通工具」的玩笑。行人罕見，幾乎沒有車輛行走。根本想像不出它是土耳其東部的主要都市。

走沒多遠，終於看到幾家旅館。說是旅館，氣氛更像出租的木造長屋。我窺看其中一間，大廳裡面一堆人緊盯著中央的電視。看不出誰是客人、誰是老闆。

「抱歉！」

我大聲喊著，一個戴著土耳其帽的中年胖子轉過臉來，像趕狗似的揮著手說：「No, No!」

「有房間嗎？」

我又問，但是再度專心看電視的他連頭都不轉一下。

下一間旅館也是一樣。不知是什麼精采的節目，旅館大廳都是電視大鑑賞會。

我不知怎麼辦，一個少年跟我搭訕。「Hotel?」

我點點頭，他用手指做出「跟我來」的信號，在前面領路。

途中，少年食指和中指撮在嘴邊問：「Cigarette?」

他問我有沒有香菸。我猜他還只是小學生的年齡，輕率得像要巧克力似的。

「我沒有。」

他好像沒聽懂我的意思，又問：「Cigarette?」

「我不抽菸。」

這時，他露出匪夷所思的表情說：「No smoke?」

那語氣好像是不相信世上有這樣的人。但他也沒有繼續糾纏，指指一棟比前面兩家旅館更舊更髒、連招牌都沒有的建築物入口後，就返回來時的路。我覺得該用什麼謝他，但肚子革命又一湧而來，說聲謝謝便衝進旅館，想盡快去廁所。

我問坐在樓梯下老闆模樣的人今晚能不能住，他說大通鋪有個床位。我只確定這點，便問了廁所位置直奔而去。

## 禪，在路上

房間在二樓。六人房，一個床位十里拉。我因為太累，想睡單人房，但完全沒有空房。

我抱著背包進去，房間裡已經有人。一對土耳其父子，父親帶著十二、三歲的兒子。還有兩個德國年輕人，他們說兩個月前離開德國，要向東行。一個戴著眼鏡、五官端正，另一個留著長髮和鬍鬚。他們似乎還沒磨損好奇心，問我許多事。從哪裡來？走什麼路線來？到哪個鎮坐哪家巴士好？鎮上的廉價旅館情形怎麼樣……。我說起這一路行來的旅程，他們眼中閃過一絲敬意。他們幾乎就要順著那條路線去日本。

「為什麼？」我問。

「想去學禪。」戴眼鏡的年輕人說。

「禪？」

「是啊！禪！」

「想不到哩！」我說。

「你知道禪嗎？」長髮年輕人問。

「還好啦……」

我不自覺地回答，好歹我是日本人嘛！

「禪是什麼？」

單刀直入的問題讓我一時語塞。老實說，我對禪幾乎一無所知。以前是看過關於禪的書，但還未理解到能向外國人解說其本質的程度。可是我剛剛回答說還好，總得給他們一個合乎條理的解釋。

「禪不過是印度和尚達摩傳到中國的佛教一派。」

兩人點頭稱是。

「傳到日本後，中世紀時受到武士階級支持，在文化上具有強烈的影響力。」

我邊說邊暗問自己，喂，喂，是真的嗎？

「在日本，禪宗的主要宗派有兩支，一個是奉道元為開山祖師的曹洞宗，另一個是榮西大師所推廣的……」

我講到這裡便接不下去，戴眼鏡的年輕人開口說：「臨濟。」

我覺得丟臉，他一定早就知道我要講的東西。

「對，臨濟宗。」

講到這裡，我暫時沉默，長髮年輕人又問起先前的問題。

「禪是什麼？」

我默默尋思。身為日本人的我究竟認為禪是什麼？是否只要忠實表達我的想法就好。不知想了多久，突然，我腦中浮現我這趟巴士之旅所經過的路。路。但感覺那不是禪。那麼……

他們臉上又浮現比我述說來時路時更多的敬畏。原來，坐在床上的我不知不覺間雙手輕輕交叉在腿上，思索的時候眼睛也望著虛空。

我有種奇異的心情，不覺脫口而出，「我想……禪……就是在路上。」

長髮年輕人慢慢重複那句話，「Being on the road……」

我聽著他的英語，心想或許我的答案並不那麼差勁。

我走出旅館去找餐廳。衝進廁所瀉掉該瀉的東西後，感覺非常餓。德國青年已經吃過，於是我獨自出來。

街上一片漆黑，顯得特別冷。我只穿著內衣、襯衫和牛仔褲，當然覺得冷。有人告訴我到伊斯坦堡後可以去市場的舊衣店買件厚毛衣，熬過這冷。

走了四、五分鐘，看到前面有溢出亮光的店面，走近一看，確實是簡易餐館。沒什麼客人，我有點不安，總之先進去看看。

進去以後不知該點什麼，就站在哪裡磨磨蹭蹭時，老闆招手叫我到廚房。裡面有各式各樣用橄欖油烹煮的菜色，裝在平坦的大盤子裡。我好高興，不是為油水豐富的菜色感動，而是因為老闆的親切，何況真是好久沒看到像是好菜的好菜了。老實說，自德黑蘭叨擾磯崎夫妻一頓大餐後，沒再吃過像樣的飯菜。

我指著塞了絞肉的釀青椒、白飯和蔬菜湯，又要了麵包。過去我常聽到來自西方的旅人抱怨希臘和土耳其的橄欖油食物。實際上吃過以後，覺得還好。尤其是釀青椒、白飯和蔬菜湯這樣一餐下來，遠比阿富汗和伊朗的飯菜豐實。

我邊吃邊把地圖攤在桌上。這趟旅行我沒帶旅遊指南。裝進背包的只有三本書和兩張地圖。我現在看的是其中一張「世界分區圖—西南亞」。

接下來打算如何？

我必須去一趟安卡拉。這趟瘋狂之旅若有一個目的，就是去安卡拉。我要去安卡拉見一位土耳其女性。到那裡扮演「使者」的角色。

我想，從艾茲倫經過西瓦斯、凱瑟利（Kayseri），參觀有名的卡巴德基（Kabadokya）岩窟修道院後去安卡拉是最順的路線。土耳其的國土以博斯普魯斯海峽（Bosporus）為界，分為歐洲部分和亞洲部分。歐洲部分稱為魯美尼亞，占國土大部分的亞洲部分則稱安那托利亞（Anatolia）。經由西瓦斯往安卡拉的行程簡直就是安那托利亞的內陸之旅。雖然也有相當的樂趣，但我被土耳其北邊遼闊的「黑海」這兩個字吸引。想去看海，那不是藍色而是黑色的海。一旦起了這個念頭，就無論如何也要去看黑海。我仔細研究地圖，從艾茲倫到黑海先要北上，先到特拉比松（Trabzon）鎮，那裡有定期航班到薩姆森。從薩姆森到安卡拉也有幹線道路相連。

就這樣吧！明天就北往黑海……。

我滿足許久不曾吃到的豐盛食物，付帳時老闆先用土耳其語說個價錢，看我聽不懂，伸出八根指頭。這些東西只要八里拉。我的滿足感更深。

回到旅館，土耳其父子和德國人都睡了。

我也穿著衣服輕輕躺到床上。在這種廉價旅館的大通鋪裡幾乎沒有人換睡衣。因為毛毯太薄、床單也不乾淨。廉價旅館的床單多半不用白色，而是看不出洗過沒有的深色。枕頭上一定沾著污漬，沒有枕套的枕心粘著髮油臭味，口水和不知是什麼東西的痕跡變成淡黃色。我起初很在意這些，總要裹上毛巾才睡，後來不知不覺習慣了，不只照睡不誤，偶爾也不經意地在上面留下污痕。

這家旅館的床單也是污痕不明顯的胭脂色，枕套沾滿污痕。

毛毯是軍隊用的暗灰色，我裹著毛毯，想著過去曾有什麼人睡在這張床上。應該有像是旁邊的土耳其父子，也有像睡在對面的德國年輕人吧！或許也有像我這樣的東方旅人。他們也是這樣裹著毛毯、在枕頭上留下污痕後離開吧！我八成也會弄出同樣的污痕，在明天早上離開這裡……。

## 4

翌晨早起，坐上七點半開往特拉比松的巴士。前一晚問旅館老闆往特拉比松的巴士時間，他說有這班車。途中休息兩三站，大概下午三、四點就會到達。

巴士客滿，我並沒有下午就能看到海的感覺。

乘客都坐穩後，行李工分給大家像是香油之類的東西。他把玻璃瓶裡的黃色液體滴在乘客手掌心裡。乘客用來擦手背和臉。我也接過滴油，像很感激似的擦手擦臉。我猜這可能是橄欖油，但終究沒搞清楚是什麼油。

巴士準時出發。

乘客中只有我一個外國人。我坐在窗邊，坐在走道邊的中年人、前面的兩個年輕人、還有走道另一邊的中年婦女和她女兒都很在意我，一直注意我的動靜。他們看到我也用香油擦手擦臉後，都露出放心的笑容。

中年人終於忍不住問我是哪國人。

「Aman?」

「Japan.」

「……?」

他好像不懂，歪著腦袋。於是我用西班牙語說。他還是不懂，我改說法語。

「Japon.」

這下他高興地說：「Japon!」

他那麼快了解，或許土耳其語的發音也是這樣。不過，接下來就麻煩了。知道我是日本人後，坐在兩三排前、會講一點英語的中年人便充當傳譯，車上乘客拚命問我問題。

住在日本哪裡？什麼時候離開日本的？是學生嗎？父母還在嗎？什麼時候來土耳其的？要在土耳其待多久？喜歡土耳其嗎？喜歡艾茲倫嗎？這些也就罷了，就連我還沒到的特拉比松，也要問問我喜不喜歡，未免太急切了。

東京、半年前、不是、健在、喜歡、還好、肯定會喜歡吧……。

每次透過傳譯說出答案時車內就響起歡呼，緊鄰而坐的人開始討論。不久，特別專心聽講的前座年輕人請我抽菸。是土耳其製的菸草，牌子讀起來是「薩姆森」，我很想知道是什麼味道。但我沒抽菸的習慣。

「我不抽菸。」

我拒絕後，沒隔多久，後面的人又探身向前伸出香菸盒。就這樣沒完沒了地重複好幾遍。到最後我只好認輸，抽了一根。因為不習慣，用別人遞過來的打火機點菸時也笨手笨腳的。大家笑嘻嘻地看著。當我吸了一口菸又吐出來而咳嗽時，他們以為日本人是這樣抽菸的，投來像是驚訝也像是感動的眼神。

後座的中年人給我看他的打火機，不停地說Japon、Japon，好像是說這是日本製的。我拿過來看，底部刻著「MARMON」。我沒聽過這個名字。但也不敢保證這不是日本製，只好說yes、yes，我知道。

問答告一段落後，我轉看窗外，暫時從他們的好奇心中解放。

從艾茲倫到特拉比松，高度落差兩千多公尺。但不是一路長驅直下，而是繞轉幾座山頭上上下下蜿蜒而下。

種在道路兩旁斜坡上的白楊樹披上美麗的黃色。

車子駛入山谷間，可以看到山那邊的雲。從阿富汗到伊朗，一路只見湛藍無雲的天空，天空藍到讓人真想說：「來一片雲吧！」

再往前行不久，下起雨了。沒多久，雨變成了雪。

雪！沒想到會在這裡看到雪。好美啊！

我看雪景入迷，旁邊的中年人又指著天空說Japon、Japon。

他像是問我日本也下雪嗎？我用力點頭，用日語回答說：「日本多的是！」

他有點遺憾似的點點頭。

隔一會兒，他請我吃橘子。形狀、顏色都和日本的一樣，香甜好吃。若真要挑剔，就是酸味稍嫌不足。我猜他一定又要問我日本有沒有橘子，果然問了。

「有。」

我有點抱歉，但這種事沒什麼好吹噓的。山上多綠，少許的耕地也經過整理。和雲一樣，耕地也舒緩了觀者的心。

巴士在正午前停靠建在崖邊的餐館前。雖然該稱它為公路飯店，但老舊得像個山路茶攤。崖下是清冽的流水，我聽著心曠神怡的水聲，點了茄子和番茄燉羊肉、麵包和紅茶，一名乘客請我吃炸麻花甜點。

餐館的小男孩們在泥土地上玩胡桃核。方式很像我們玩的打彈珠。我向光頭小孩借顆胡桃，站在四、五公尺外。拿著胡桃的右手放在臉前，對準目標的胡桃核彈出去，準確打中一顆，喀嚓聲，兩顆胡桃碰在一起又彈開。小男孩都露出不敢相信的表情，不只小孩，旁邊觀看的人也都一臉訝異。沒錯。我小時候就是打彈珠從來不輸的「金手指」。下午一點，巴士開車。

車子又繞過幾座山峰，但確實是從高處往下開。

山坡上稀稀疏疏地蓋著民房，我看的時候心想「又來了」。果然，隔座的中年人又指著房子問：「日本有嗎？」

「有。」

他又遺憾地點點頭。

不久，看到貼著山腰而建的寺院，他也問：「日本也有那樣的嗎？」

我不是不敢說有，只是實在想說一次沒有。

「沒有。」

我一說完，他真的很高興地直點頭。

正感覺巴士俯衝而下陡坡時，眼前突然看到海。雨絲籠罩的海面一片灰色，這就是黑海嗎……。

來不及感動，陡坡已盡，車子已到特拉比松。

## 寂寥的清冷

特拉比松小鎮多坡路。我找尋旅館時，在岔路口看到一家小旅館。問在櫃檯的男人，大通鋪一個床位十里拉，單人房二十里拉。我選擇了後者。

接過鑰匙，進入房間，在床上躺成大字型，迷迷糊糊地睡著。

醒來時窗外已暗。我先到外面走走。

石板路被雨水打濕，發出鈍鈍的光澤。走沒多久，來到一個廣場。有許多攤販，往來行人也多。我看到有賣烤栗子的，正想著要不要買時，一個老太婆突然厲聲對我叱喝。

「****！」

我完全不懂她的意思，但確實是衝著我罵。怎麼回事？我做錯了什麼？

「****！」

我被那聲音和洶洶氣勢嚇呆了，廣場上的人聚集過來，對老太婆說些什麼。但是她更提高嗓子。究竟怎麼回事啊！我不過是站在這裡考慮要不要買栗子而已。

怎麼回事？即使問了，旁觀者也只是無奈地搖搖頭。不久，老太婆像要抓住我似的罵得更凶，一個男人向我打個手勢叫我別計較、走開吧！我只好莫名其妙、逃也似的離開現場。

走進餐廳後，有著來到奇怪國家的奇妙感覺。那個老太婆瘋了嗎？她本來一直很正常，一看到我，突然變成那種狀態。是我的什麼導致她的瘋狂吧！我的臉？或者我是日本人？我突然真實無比地感到自己此刻正身在異國。在餐廳裡，我不知道菜名，又遲疑怎麼點菜時，老闆一樣親切地帶我去廚房，讓我選自己喜歡吃的東西。

我選的是在艾茲倫吃過的釀青椒、煮四季豆和麵包。看到別桌客人在喝啤酒，也忍不住想喝。

吃肉喝酒後，心情稍微平靜些。

吃完飯閒逛石板路。

特拉比松的夜晚很冷。那種透骨的冷和位處高地的艾茲倫沒什麼差別。但是我不想回旅館。房間裡雖有暖氣，但遠不如這街頭讓人神思清明。

在喀布爾遇到的日本人曾語氣深刻地告訴我，歐洲的冬天很冷。但是那冷不是下雨降雪的冷，而是回到旅館後寂寥一人的冷。還沒抵達歐洲，我似乎已經感受到那種冷。

我在小雨中漫無目標地走著，來到像是俱樂部的地方。許多男人聚在裡面圍著幾張桌子。我透過玻璃窗往裡看，客人有老有少，在煙霧迷繞中興奮地玩著撲克牌。裡面沒有酒，也沒有人只是喝茶聊天。大概像是日本麻將館的地方。

他們的賭戲有兩種：一種是撲克牌，另一種是十五子遊戲（backgammon）。兩個老人坐在靠窗的位子在玩撲克牌。看不出規則，我一直盯著，視線和坐在右邊的鬍子老人相對。他不時瞥向我，知道我一直在觀察牌局，於是招手叫我進去。

房間中央燒著溫暖的爐火。我被火爐吸引，大搖大擺地進去。一靠近桌子，老人示意我坐在旁邊的空位，叫侍者幫我倒茶。

鬍子老人的牌搭子是個同年齡獨眼老人。乍看有些可怕，但笑的時候缺顆門牙的臉顯得蠻可愛的。他們像是最佳拍檔，一邊互相挑釁一邊玩牌。

鬍子老人若是拿到好牌，一定用鼻音哼歌。歌詞最後一定加上聽起來像「呼尼亞拉、呼尼亞呼尼亞、幕斯塔——發」的結尾。每次哼到這裡，獨眼老人一定滿臉不悅。似乎獨眼老人的名字叫幕斯塔發。

鬍子老人一面玩牌一面和我搭訕。他講的是土耳其語，奇怪的是，他的意思我都懂。或許我是靠句子中間夾雜的單字和專有名詞擅自揣測。

「從哪裡來？」

從日本來。

「是嗎？日本人，很好。」

呃……。

「土耳其和日本是朋友。」

啊？

「TOGO了不起。」

是東鄉平八郎元帥嗎？

「打敗俄羅斯。」

的確。

「日本在印度旁邊嗎？」

不，更遠。

「日本有共產黨嗎？」

有。

「你知道那是誰？」

鬍子老人指著牆上的一幅肖像照。

凱末爾・阿塔提爾克（Kemal Atatirk，一八八一—一九三八，土耳其共和國締造者、政治改革家和第一任總統——譯注）。

「對。你都知道。」

在學校學的。

「是嗎？學校有教，土耳其和日本果然是朋友。」

鬍子老人一邊和我說話，一邊趁獨眼老人不注意時偷換手上的牌。不料被獨眼老人發現，按住他的手喝道：「好傢伙！」

鬍子老人不慌不忙地又唱起「呼尼亞拉、呼尼亞拉、幕斯塔——發」。

我在享受房間裡的溫暖和兩個老人的逗趣之中，完全忘掉時間。

這時，兩個年輕人來到桌邊，開始四人牌戲。其中一個會講英語單字，我問他往薩姆森的船班情況。他也不清楚，問了老人。鬍子老人肯定地說完，年輕人轉告我說：「去薩姆森的船星期一晚上開。」

那就是明天晚上了。真是走運。我就坐它去薩姆森。

我又繼續觀看了一陣子牌戲後起身。我要付茶錢，從口袋掏出零錢，鬍子老人不以為然地揮揮手。我還要放在桌子上，在場的人都一副「這錢怎能收」的表情，我只好收回口袋裡。我感激這杯好茶。

外面好像比剛才更冷，但我不覺得那麼冷。一定是託剛才那老人之福。可是，嘗過俱樂部裡的溫暖後，感覺旅館房間裡的冷更沁入心骨。

## 5

第二天早上，我先去銀行。在土耳其停留的時間可能比我預期的久，因此想多換點土耳其里拉。我沒到黑市換錢，是因為聽說土耳其沒有黑市。不知是匯市穩定還是取締嚴格，總之路上主動搭訕要來換錢的都是騙子。我過去聽過不少有關在土耳其換錢的悲喜劇；騙子手法形形色色，不少還真是匪夷所思，因此旅人一致的結論是，在土耳其最好避開黑市。

在銀行換完錢，吃過早午餐，我走向碼頭。想到船公司預約往薩姆森的船票。

昨晚起了念頭後，想坐船的心思愈發濃厚。即使坐了船，要去安卡拉的話還是必須在薩姆森下船。但就算一兩天也好，我是那麼想航行黑海。船出海後可以看到對岸的克里米亞半島（Crimea）嗎？來往的船隻是什麼國籍、什麼種類？也許不只商船、漁船，還可能遇上蘇聯的軍艦……。

可是在幻想中又突生不安。萬一船不停靠薩姆森，只直航伊斯坦堡怎麼辦？這時還是必須放棄航海。

我又想，為什麼不能先去伊斯坦堡？對嘛！就算船是直航伊斯坦堡，還是可以轉回安卡拉，只是費事一點。管他是否停靠薩姆森，只要能享受航行黑海的樂趣就好……。

不過到船公司一問，根本多慮了。船當然停靠薩姆森，只是星期五以前沒船。昨晚那鬍子老人說是星期一晚上，看來是胡謅的。回想起來，當時他說得那麼肯定，反而有點奇怪。

那老爺爺真是讓人空歡喜一場。

我暗自嘀咕，但絕非不高興。或許他只是想開個小玩笑，也許他只是單純地不願意說不知道。不過，我無意在這地方等船等到星期五。很遺憾，除了坐巴士去，別無他法。

我繞到巴士公司打聽，有經薩姆森往安卡拉的車。下午一點開車。我確定明天也有車後，決定在特拉比松再多留一天。

我先回旅館，告訴他們要多住一天後又外出。

昨天是冷雨下下停停，今天是雲淡風清的好天氣。我難得起了攝影的興致。背包裡還有許多臨行時朋友送的底片。體積不小，想早點拍完寄回去，但少有攝影的機會，重量也就一直沒有減少。或許，應該說是有無拍照的熱情甚於有無拍照的機會吧！的確，我是有藉照相機和當地居民交流的期望，但也擔心風景在我腦中建構的思緒之流遭到干擾，改變了我和人們之間的心理繫絆。總之，攝影還是需要相當的熱情和精力的。

那天，燦爛的陽光和藍天似乎為我帶來熱情和精力。我把照相機和底片裝進陸軍綠的帆布背袋，掛在肩上閒逛街頭。

經過一家麵包店。客人在店前等著麵包出爐，有人當場吃著剛買到的麵包。麵包只有圓盤狀的厚麵包和法國麵包似的棍棒麵包兩種。店內有烤麵包的爐子。師傅在石台上揉搓好麵包，掛進內側燒得通紅的烤灶。師傅掛進或掛出麵包時用的是頂端扁平的長棒。那情景很有意思，我站在店前擺好拍照姿勢，發現我要照相的人便都自動排成一列，像要拍紀念照。其中，有穿西裝吃著麵包的中年人、等著麵包出爐的年輕人、還有麵包師傅，可能擠不進鏡頭的人仍斜著身體探出一張臉來。

他們似乎一看到照相機便條件反射性的想要被拍攝，我忍著笑按下四次快門。離開時我揮手致謝，他們也都含笑揮手。

## 可愛的土耳其少年

猛然發覺，一個年輕人跟在我後面。他剛才也在麵包店前。黑髮黑眼、黑褲、黑毛衣，只有臉頰泛著土耳其少年特徵的紅潤。他那模樣說是少年比說是年輕人還來得恰當些。我們視線相對時，他咧嘴一笑。我開步走，他也走。我停下來，他也停步。跟著我的視線移動，當我對某個事物表露關心時，他立刻用身體語言告訴我那是什麼。沒有言語，卻想積極傳達想為我這外國人服務的善意。

「Hi!」我舉手笑著打招呼。

「Hi!」

他靦腆地說完，舉手靠過來。

「You want?」

他試圖用英文單字和我溝通。

「I want?」

我反問後，他點點頭。然後張開雙手指著各個方向。像是在問我想去哪裡。我並不想去哪裡，只想在街上閒逛。但好像很難傳達這個意思。於是我開始思考最想去的地方。

特拉比松有幾座有名的教堂和修道院，可是我並不想去參觀。我在這裡想看的只是黑海。我就是受到黑海這兩個字的吸引而來到這個不知名的遙遠小鎮。

昨天從艾茲倫來的坡路途中遠眺過黑海，剛才在碼頭也看過。可是，我還沒摸過黑海的水……。

「Black Sea。」

我說，他立刻了解似的大步前行。不久看到的海岸不是細粒沙灘，而是圓圓的黑石灘。海水當然不是黑色，也不是藍色，雖然因深淺而有各種變化，基本上是翡翠般的綠色。

從馬路沿石階而下，踩著黑石走到海浪打上的地方。我伸手撈取海水，那份冰冷，讓人感覺已是冬天的海了。

我眺望水平線那端，撿起一顆平坦的石頭橫向朝大海丟去。小石片滑過海面，跳躍兩三次後沉落海底。他好像覺得不可思議，也學著做，卻怎麼也做不好。我撿起平坦的石頭給他看，示範拿的方式，教他與海面呈平行的角度丟出去。但是連丟石頭這麼簡單的事他都做不來，還是像丟手榴彈似的笨手笨腳。看到他那惡戰苦鬥的樣子，我突然想到，或許丟石頭和丟棒球都需要相當高度的運動能力。日本小孩透過棒球的投球動作，很輕易地掌握丟擲東西的技巧，確立獨自的丟擲姿勢，但對棒球陌生的國家的小孩，用特定姿勢丟石頭或球都相當困難。

起初他一直丟不好，十幾次後石頭終於在海面跳起。雖然只跳起一次，他已經得意地張口大笑了。

我們不知丟了多久。他看看我，像是問「夠了嗎」。我點頭後，他領頭走上石階。

我不知道他要帶我去哪裡，我也沒問，安心地置身在他的善意裡。

悠閒地走在緩坡上，一輛古董福特汽車停在路旁。周圍建築的老舊沉暗和陽光映照下車身的銀光燦爛呈現極其鮮明的對比。我剛拿出照相機擺好架勢，前面的茶店走出一個蓄鬍子的人，不停地對我說話。起初我以為他說「這是我的車，你別照」，結果正好相反，他是說「這是我的車，連我一起照吧。」

我用力點頭，拍完他和汽車後，四周已圍起人群，爭相搶到照相機前面擺姿勢。我不由得高興起來，像臨時受雇的攝影師一個個幫他們照。

茶店前的馬路突然成了攝影會場。特拉比松的人之愛照相，怎麼照都照不完。幫一個男人照完後，他就說等一等，跑到小巷裡，隨即抱個嬰兒回來要合照。最讓我吃驚的是，一個走不動的老人竟讓兩個人抬過來，坐在茶店搬出來的椅子上讓我照！我猛然想到，這不會是葬禮用的照片吧！只見披著皮衣的老人單手握著手杖、挺起胸膛面對鏡頭。

我連續按著快門，在拍完兩捲三十六張的底片後終於打住。接著，照過相的人紛紛遞給我大概是他們唯一的骯髒名片，說照片請寄到上面的地址。我記不住名片是誰的，但只要都寄給這條街的某個人後，總會有辦法轉到各人的手上。於是我答應。

攝影大會結束後，我走進不遠處的另一家茶店小歇。帶我去的年輕人大概是學生，但不像大學生也不像高中生，或許讀的是職業訓練所或專門學校。

我一邊喝茶，一邊跟他學土耳其語。新到一個國家總是這樣，先學從一到十的數字和什麼、多少、哪裡、如何等字眼。

他和昨晚的鬍子老人一樣，對日本抱著特殊的好感。不是說「Japon、friend」就是說「America、Russia、No good」。也像鬍子老人一樣不讓我付茶資。

走出茶店不遠，路邊有人賣蘋果。不知價錢如何，我在找標價時他問：「You like?」我說喜歡後，他買了兩個，分我一個。我要付錢時他阻止我，我說聲謝謝，大口啃著蘋果。

他好像知道我只想在街上閒逛，當我被汽車修理店的工人表情吸引而拿出照相機時，他就在旁邊默默等待，我對公園裡的小孩遊戲感興趣時，他就用英文單字告訴我遊戲的規則。

我們交談不多，一直逛到黃昏。他那含蓄的體貼讓我感激。但也不能一直和他混在一起。

臨別之際，我想跟他道謝。我說想送你禮物，你想要什麼嗎？他略為猶豫後說：

「Money.」

是嗎？要錢是嗎？之前的親切都是為了錢。我有點失望，但也怪自己一廂情願。或許他一開始就打算做我的私人導遊，沒搞清楚是我自己不好。既然這樣，就給他應得的代價和適度的謝禮吧！

如果是在印度，我是絕對不會給錢的。我從牛仔褲口袋裡掏出里拉，放在手上遞給他，擺出他要多少儘管拿的姿勢，他卻慌張地說：「No, No!」

「……」

「Japon, Japon.」

「……？」

我完全不知道他要說什麼。

「Japon money.」

這時我才明白他要的是日本錢幣。

「Japon money?」

我說著，指著自己的胸前，他用力點頭，還用手指做個小圓圈。好像是要日本的硬幣。我為自己的誤解慚愧。

那時，我想起背袋裡有日本硬幣。離開東京時，我把牛仔褲口袋裡的硬幣都塞進空的底片盒裡。我從背袋拿出黑色的底片盒，把硬幣倒在手上，伸到他面前。

「選你喜歡的吧！」

一共有一百圓、十圓和五圓的三種。他猶疑半天，最後選了五圓的硬幣。

我要他再選一個，他搖頭說不用了。

「為什麼？」我問。

他用蹩腳的英語說：「Memory.」

紀念嗎？

「One?」

只要一個？

「No two.」

不要兩個？

「Yes, yes.」

他說做紀念一個就夠了。我愈發感到慚愧，思索還能怎麼謝他。終於想到一個。

我請他到旅館，他有些訝異，但還是很感興趣。

去櫃檯拿鑰匙時，老闆狐疑地看著他。雖然沒有必要，但我還是向老闆解釋有東西要給他看。

我帶他進房間，他好奇地四處打量。我讓他坐在房中僅有的一張椅子上，打開放在角落的旅行背包，掏出一個塑膠袋。裡面有一堆我經過的國家沒用完的硬幣。我全部攤在桌上，按照國別分開後，再將硬幣分類。他不知道我在做什麼。結束分類後我告訴他：這是香港的硬幣，這是澳門的硬幣、這是泰國的、這是……。然後說，你喜歡的話可以拿走。

給我？

對，給你。

這些？

對，只要你喜歡。

他臉上綻放光彩，反覆擺出「真的可以拿？」的表情。

「拿啊！」

我說，他邊想邊拿。我以為他每一種會拿一枚，但是他每一國只拿一枚。有刻著伊莉莎白女王肖像的五元港幣和泰國的六角形硬幣等等，根據他為自己定的「紀念」規則。

選完後，他高興地問：「ＯＫ？」

其實他要拿多少都行。

「ＯＫ。」

我說，他安心地點一下頭。

## 6

經由薩姆森開往安卡拉的巴士下午一點準時出發。

這條路沿著黑海的海岸線而開。車行不久，就看到一個小岬角，繞過之後，就是一個海灣。車過海灣，越過岬角，又過海灣。這樣反覆中，太陽漸漸西傾，變得又紅又大。夕陽消失在岬角後，海水立刻染成金黃色。從車窗看到那水光輝彩，我有種奇異的感覺。

我正前往安卡拉，要去見一位土耳其女性，為了告知她一個消息。

我這趟從德里到倫敦的野雞車之旅並沒有任何意義，是個任何人都可以做到，但只有瘋子才會去做的無聊事。因此，從德里走什麼路線到倫敦，是我的自由。完全沒有必須經過哪裡、要順路去哪裡的義務。但是，我卻有一個必須經過土耳其的理由。

臨行前建築家磯崎新和雕刻家宮俣愛子夫妻在濱松町的中國餐館為我餞行。

當時，磯崎夫人告訴我一件事情：

我在美術界有好幾位恩師，其中一位去年客死羅馬。他曾經和一個土耳其籍的女弟子在羅馬同居，但是他在日本有妻有女。女弟子覺悟到彼此不可能結婚後，不久即返回土耳其。好像也在土耳其繼續美術生涯。如果你這趟旅行經過土耳其，麻煩你把這個交給她……。

磯崎夫人從皮包拿出那位畫家在鎌倉神奈川縣立近代美術館的回顧展小冊子。我欣喜地接下。不只是為享受到一頓可口的中國菜，也高興這趟旅行終於有個像樣的目的。

磯崎夫人聽到我的回答後，在小冊子背後寫著：

給懷念的更彩，
老師過世了。
愛子

我接過小冊子，瞄著上面的字句，問夫人說：「更彩是她的名字？」

「對，是名字，我想大概是筆名。」

「她住在土耳其哪裡？」

「這……我不太清楚。」

聽了以後，我更激起鬥志。

「她在土耳其應該有點名氣，打聽一下就知道吧。」

「我去找！」

我自告奮勇。這種事我不會輸人。我會先去安卡拉或伊斯坦堡的報社察訪；找不到的話，就去土耳其的美術協會詢問。如果還找不到……，還是不要多想較好。路經幾個地方後，辦法會自然湧現。

當然，我不知道能不能見到她。她如果還從事繪畫，或許容易找到，如果已經脫離美術界，那就難找了。何況，我知道的只是她的名字，要找一個連姓什麼都不知道的女性實在困難，但我還是覺得總會有辦法的，只因為在德黑蘭大海撈針找到磯崎夫婦住的飯店，便也錯覺土耳其只是個小省小縣，找一個人沒那麼困難。

那時，在德黑蘭見到磯崎夫婦、樂享喜來登飯店的豪華大餐後，臨走時磯崎夫人又遞給我一張便條紙：「卡沙普查先生，美國大使館。」

夫人說在我出國後，她查到更彩結婚後的夫姓。卡沙普查先生好像在安卡拉的美國大使館服務。

我雖然懊惱喪失了尋覓的樂趣，但老實說真是有得救的感覺。如果沒有這個資訊去到土耳其找人，肯定比在德黑蘭找飯店還要艱難。

在德黑蘭與磯崎夫妻別後，隨著時間經過，必須去見這位更彩女士的使命讓我倍感沉重。萬一她問起「老師」的事情時怎麼辦？我除了這本回顧展的小冊子以外，什麼也不知道。大老遠從日本趕來報喪的人卻對死者一無所知，實在奇怪。

我的沉重不只這個。

在抵達德黑蘭以前，我曾漠然想過更彩女士和「老師」之間的故事。他們如何相遇？如何同居？如何分手？正因為磯崎夫人沒有詳細說明，我的想像空間也大。當我在腦中反覆編織他們的故事時，猛然覺得自己就像去告知父親的情婦有關父親死訊的兒子。根據回顧展的小冊子記載，「老師」的年齡和我父親相當。在德黑蘭得到磯崎夫人的新資訊後，見到更彩女士的機率更大，我那「報喪的兒子角色」更為可能，那種兒子去見父親情婦的恐懼也疑似上身。那種恐懼不是來自於父親愛著母親以外的女人這事本身，而是擔心那個女人是否能讓人「認同」，甚或來自於「希望她是這樣的女人」的期待。更彩女士是什麼樣的女人呢？但願見面後不會失望……。

## 好心的中年人

越過幾個岬角，繞過幾個海灣後，太陽終於完全沉沒，巴士被清澈的藍色暗影籠罩。

抵達薩姆森時已晚上八點。途中沒有休息，乘客下車吃飯，伸伸懶腰，紓解一下久坐僵硬的身體肌肉。吃完飯，添了幾位新乘客，巴士又奔馳在漆黑的道路上。

我望著窗外，想起種種事情，回神時車子已到安卡拉。差十分凌晨兩點，我茫然望著窗外幾乎六個小時。其實外面一片漆黑，我望的或許是我的內心深處。

從行李工手上接過旅行背包，想著該如何安身。今晚下榻處還沒有著落。

我知道一些關於伊斯坦堡的資訊。過去和來自西方的旅人擦身而過時，彼此總會交換住過的旅館和餐廳情況。但安卡拉沒有值得一提的觀光名勝，旅人多半逕行通過，沒有什麼特別資訊。

除了不知道哪裡有廉價旅館外，也沒有地圖或觀光指南。加上已是午夜兩點，也不能聽憑直覺在街上徘徊尋找廉價旅館。

我有點不知所措，這時，同車下來的穿西裝中年人用英語問我：「怎麼啦？」

「不……」

我反射性地說個不字後，立刻轉念一想，不要辜負人家特意的親切。出來旅行後，在巴士站和市場裡有人搭訕時，我已習慣反射性拒絕。但此刻我覺得無須對這個中年人特別警戒。他上唇留著短鬚，知性的臉孔散發出大學教授和研究人員的氣質。

「我在想要住哪裡……」我說。

「沒有預約旅館嗎？」

這趟旅行中，之前沒這樣做過，以後也不打算這麼做。但我不想廢話，只說「是」。

他想了一下說：「住我家吧！」

「啊？」

「你可以住我家。」

太意外的邀請，我驚愕之餘，又湧起戒心。這麼輕易邀請才剛見面、完全不明來歷的旅人回家住，究竟是什麼樣的膽識啊！我這麼想後，又覺得他很可疑。剛剛還給我大學教授印象的臉孔此刻也洋溢著狡猾甚於知性的氣息。人的印象實在是境隨心轉。我按捺想苦笑的慾望，拒絕他說：「不用了。」

「不用客氣，這事常有。」

常有是什麼意思？他真的是大學教授，常常留宿學生嗎？我雖多少放鬆一點戒心，但既然充當會見更彩的「使者」，似乎在完成任務以前不宜冒險，這份莫名的義務感驅策著我，拒絕了他的邀請。

「謝謝，不用客氣。」

他也很快就讓步說：「那麼，有什麼要我幫忙的？」

他為什麼這麼親切呢？我雖然覺得奇怪，還是問道說：「哪裡有廉價旅館？」

「舊市區那裡有幾家。」

他還告訴我那地方叫做烏爾斯地區。

「要怎麼去？」

他想了一下說：「坐計程車去吧！」

「方便嗎？」

「我順路。」

我也懶得追究他為什麼這麼親切，一起坐上站前的排班計程車。我們在車上不太交談。他為什麼這麼親切呢？

「為什麼……」

我才開口，他幾乎同時開口說：「旅行在外……很不方便的。」

「呃……還好……」

我附和著，心想他或許年輕時有過長旅。

不知坐了多久。其實只五、六分鐘吧！他要計程車停下。

「這家應該不太貴。」

我隔著車窗往外看，五、六層樓建築上掛著「BERLIN」的招牌。對我來說感覺高級了些，但若說不要，好像辜負他一番熱心似的，於是乖乖下車。

他很客氣地說聲「旅途愉快」後又說：「祝你有頓好眠！」

我望著遠去的計程車，只能說謝謝、再見。

完全看不見計程車後，我本想另尋較便宜的旅館，但突然覺得麻煩。我此刻又累又睏。算了，反正又不是住希爾頓飯店。就算真找到符合自己心意的旅館，也不過便宜十里拉。既然這樣，索性就以這家「柏林」當作我在安卡拉的下榻處。總之，先弄到一個房間睡覺再說……。

## 會見更彩女士

第二天早上十點過後才醒。彷彿從伊斯法罕一鼓作氣入境土耳其直奔艾茲倫、特拉比松、安卡拉的疲勞全都釋放出來般。我想再睡一下，但今天非去拜訪更彩不可。而且必須先去她先生上班的美國大使館。以前為了簽證，去過許多國家的大使館，多半只有上午開放。或許那只針對辦簽證的人，如果拖到下午才去，萬一大使館關閉，豈不又要浪費一整天。畢竟，那是我接觸更彩的唯一窗口。

我吆喝一聲跳下床，淋浴、刮鬍子、穿上在伊斯法罕洗淨的襯衫。

我想先打個電話給卡沙普查先生，但不知道電話上怎麼說。我能說我是專程帶著他太太老情人消息而來的嗎？

了。

──我來自日本。受你太太的好友之託……。

實在很難啟口。

──我受人之託轉交東西給她。

但是，東西不能讓他看到。他可能會對「老師」感到疑問，若說由他轉交，那就麻煩

我打算直接去美國大使館找卡沙普查，於是到櫃檯問美國大使館在哪裡。

起初，櫃檯的年輕人想告訴我怎麼坐巴士前往位在新市區的美國大使館，但覺得解說麻煩，就對我說計程車司機會帶你去。別開玩笑。我本來想這麼說，但立刻改變主意。我要去拜訪不認識的人，多花點錢到達目的地比坐巴士或走路亂兜是來得心安些。何況，這個拜訪是這趟旅行的唯一任務，或許也是一個高潮。

我在美國大使館前下車，做一個深呼吸後進入建築，告訴接待人員我想見卡沙普查。接待人員帶我去會客室，兩三分鐘後，卡沙普查出現。我看到他頗覺意外。我是根據「老師」和磯崎夫人的年齡而想像更彩的模樣，進而想像她先生卡沙普查的樣子，沒想到本人遠比我想像中的年輕瀟灑。當然，意外的不只是我，卡沙普查也一樣。來找他的竟是個嬉皮模樣的陌生東方人。

「有何貴幹？」

他用流暢的英語問，訝異的表情帶著笑容。

我確定他是卡沙普查、也是更彩的先生卡沙普查後，開始結結巴巴地說，我來自日本，你的太太更彩有位日本好友愛子，我受愛子之託帶來一樣東西……。當然，我沒說那是更彩的老情人的回顧展小冊子。

聽我說完，卡沙普查說請等一下，回到辦公室。

不久，他走出來，露出比剛才更明確的笑容。

「就要吃午飯了，你可以等到那時候嗎？」

我看看鐘，已過十一點半。

我等著可能在收拾工作的卡沙普查，有點訝異「使者」的工作這麼輕鬆就達成。不知為什麼，看到卡沙普查那令我意外的溫柔模樣，我覺得未曾謀面的更彩會是幸福的。

快到十二點，卡沙普查出來，帶我走到停在大使館院子裡的一輛白色福斯轎車旁。

「請！」

我坐到駕駛座旁，卡沙普查正要上車時，看到館內走出一個年輕女人，立刻招呼她，邀她一起坐車。她看到我後有點遲疑，卡沙普查極力邀請，她終於上車坐到後座。她是個身材窈窕的漂亮女人。當然，我知道這只是單純地讓女同事搭便車，但那份殷勤也透露出卡沙普查的個性。或許他是個高明的玩家……。

繞了一大彎送漂亮女同事回家後，不久車子停在一棟二樓建築前。卡沙普查打開大門進去，看到幾乎同時出來應門的女人，我又是一陣意外。

「她就是更彩嗎……」

她身穿黑色緊身洋裝，中分的直髮垂肩，是五官輪廓鮮明、嘴角顯露堅強意志的理智型美女，而不是我想像中的楚楚可憐型女人，我反而感到放心。是這樣的人啊！

「我來自日本……」

我正要說明，她打住我的話說：「你是愛子的朋友啊？」

好像剛才卡沙普查已在電話上通知她。

「愛子要我代她向妳問候。」

「愛子好嗎？」

「非常好。」

「哦……」

我盤思該何時拿出託交的東西時，她先請我進屋。

房間裡有個很大的餐桌，坐著一對老夫婦。卡沙普查介紹的發音有點複雜，我記不住他們的名字。好像本來就邀請了這對老夫婦午餐，突然來了我這個不速之客，臨時增加席位。

以燉雞為主菜的午餐結束後，卡沙普查送那對夫妻回去，順便回大使館。

我簡單說明這次來訪的真正目的後，拿出磯崎夫人託交的回顧展小冊子。

「愛子要我把這個交給妳。」

更彩接過小冊子，慢慢翻看。我注意她的表情變化，但是淡然而平靜。當她翻到最後一頁磯崎夫人寫的訊息時，我說：「老師過世了。」

她抬起眼來凝視著我，「我知道。」

「妳說什麼？」

「我知道老師已經過世了。」

「是嗎……」

我感到有些茫然。我來這裡可以說是為了把一個日本男人的死訊告訴一個土耳其女人的壯烈使命感。雖然那不是這趟旅行的一切，但確實是推動我向前行的一個強大動力。但是，她已經知道這個死訊了。我究竟在幹什麼？

她大概看出我的掃興，問道：「去散步吧？」

她吩咐在廚房整理的女傭一些事情後領我出門。

「關心土耳其的美術嗎？」

「還好……」

她攔輛計程車，要司機開到現代建築林立的街上。

走進街邊一家畫廊後，她說：「這就是土耳其美術的水準。」

話語中有相當的嘲諷意味。我仔細觀賞，作品多半是複製西歐畫家的創意和技術。

「看！」她指著繪畫下的標價說：「這幅畫定價這麼高！」

我不知道是昂貴還是便宜，但後面確實有好幾個零。

「土耳其繪畫的標價方式簡直瘋狂。」

聽她這樣說，感覺她在土耳其美術界或許不甚得意。

離開那家畫廊，再走幾步路，又到另外一家。

「這裡有我的作品。」

她指出的作品果然隱隱有「老師」的影響。使用明晰線條的抽象畫。畫面的色彩也多半是鮮明色澤。

「我的手法被很多人仿用。」

我不知道該說什麼好，只是佇立在這些畫前。

「走吧！」

她和畫廊裡的女性寒暄過後，招呼我離開。

我們走出畫廊，進去附近一家咖啡廳。她問我喝什麼，我毫不考慮地說紅茶後，她問：「不喜歡啤酒？」

我趕忙說很喜歡。

喝著啤酒，我忍不住好奇問她：

「妳怎麼知道老師過世的？」

她突然視線漂向遠方、聲音低沉地說：

「兩年前的冬天，我身體很不舒服，一直躺在床上，連續四個星期，完全不明原因。於是我用占星術做個占卜，知道羅馬那邊有事情發生。我就想可能是老師發生事情了。」

她說到老師時用的是日文發音。

「於是我打電話到羅馬，一位女士告訴我，老師一個星期前過世了。」

我啞然無話。她的語氣淡淡的，但感覺得出對「老師」的深深思念。

「你想去哪裡？我當導遊。」

除了來看她，我在安卡拉並沒有特別想去的地方。

「帶我去妳最喜歡的地方吧？」我說。

她嫣然一笑，「那就去西台（Hittite）文化美術館吧。」

她付過帳，走到店外攔計程車。

計程車從新市區開到舊市區，周圍風景似曾相識。再走不久，她要司機停車時我更吃驚。那正是我住的旅館前。

「我住在這裡。」

我下計程車時說，她咧開嘴角，「你住在一個好地方。」

她好像不是說旅館，而是指這個地方。

「從這裡用走的較好。」她說著，登上銀杏樹並列兩旁的坡路。坡路的一邊是低谷，可以俯瞰安卡拉市區。

「早上也很美，我最喜歡這裡。」

快要傾倒的舊房子貼著山丘而建。屋頂都是紅瓦。照著夕陽，看起來像整座山丘燒得火紅。那美令人屏息。

「我今天早上還想起老師。」

我們並肩而行，我默默聽她述說。

「因此接到電話時我一點也不驚訝。」

她或許是直覺敏銳的人。我在她眼神中看出那種感覺。她為什麼和「老師」分手，這是才見面的我不該問的無禮問題，但我就是覺得此時此刻好像允許我問一般。不過話到嘴邊時還是猶豫未出，這時我們已走到美術館入口。

「裡面有很多精采的東西，好好欣賞吧！」

她說完，又說家裡孩子等著，必須趕回去。午餐時聽她說過有個讀小學的女兒。

「預備在安卡拉待多久？」

還沒決定。

「明天中午來吃個便飯吧？」

「好啊。」

她像自言自語地說：「我……愛……羅馬。」

聽起來像是懷念人生某一時期住過的土地同時，也像是對共度那一段時間的人的思念告白。我……愛……他。

我目送她下坡的身影，直到看不見為止。

## 7

翌日也在更彩家裡享受豐盛的午餐，又和她一起漫步安卡拉街頭。

新市區裡行道樹的落葉在冷風中飛舞。我們隔著氣氛寧靜的咖啡廳玻璃窗，望著風中飛舞的落葉。喝完最後一口啤酒話別時，我對安卡拉已不再有牽掛了。

我沒去安卡拉最著名的觀光景點凱末爾紀念館，但能和更彩見面，悠閒地共度兩天的時間，已經夠了。該出發去伊斯坦堡了。我的腳走向長途巴士站。

開往伊斯坦堡的巴士一樣有多家公司經營，時間和票價各異。我坐的是票價只要三十五里拉的巴士，是最高級巴士票價的一半。出發時間是下午六點。到達伊斯坦堡需要八個小時，算起來抵達時間在凌晨兩點左右。和從薩姆森到安卡拉一樣，也是夜間行車。雖然遺憾看不到風景，但再在安卡拉虛度一晚更浪費。

回到旅館，接過寄放櫃檯的旅行背包，折回巴士站。

六點出發的巴士只在途中休息一次，讓大家進餐後，便直奔伊斯坦堡。

我只吃了四季豆湯和麵包，還買了一個打算在巴士上吃的蘋果。但車內的暖氣和舒適的搖晃，車開不久我就睡著了。

醒來時巴士正停著，乘客喧鬧。像是抵達終點站。

這裡是伊斯坦堡嗎？感覺太暗也太冷清了。但看看錶，確實是凌晨兩點。

前三排坐著一個年輕白人。在餐廳休息找座位時彼此曾交換視線、點頭致意。他長髮垂肩，留著和耶穌一樣的鬍子，但年紀和我差不多。我叫住正站起來的他。

「這裡是伊斯坦堡嗎？」

他回過頭來，「沒錯，亞洲這邊的巴士終站。」

伊斯坦堡夾著博斯普魯斯海峽分為亞洲區和歐洲區，聽說廉價旅館是在歐洲區的藍清真寺（Sultan Ahmet）區一帶。如果這裡是亞洲區，我還不需要下車。

我又坐下時他說：「如果要去藍清真寺一帶，在這裡下車較好。」據他說明，這輛巴士也會開到歐洲區的終點站托卡皮（Topkapi Garage），但在這個時間，那裡沒有巴士轉往藍清真寺，必須坐計程車。如果在這個哈林站（Harem Garage）下車，可以到附近的碼頭搭渡輪到歐洲區，走沒多久就到。

我聽從他的勸告，在這個名字實在很異國情調的巴士站下車。

## 入住歐洲區

渡輪碼頭就在巴士站前。我邊走邊掏錢，走在前面的他回頭說：「兩里拉。」

渡輪裝進急步登船的巴士乘客後，迫不及待地立刻出港。

船艙裡白衣男子在販賣部旁邊的櫃檯泡茶。壺口冒出的蒸氣讓人感覺很溫暖。多少錢一杯呢？我環視船艙尋找剛才那人，坐在椅子上的他好像也在注意我的舉動，豎起一根食指。好像是一里拉。我買了一杯熱茶，把托盤上的兩塊砂糖放進茶水裡，用湯匙完全攪勻後，用拇指和食指握住燙熱的杯把，走出船艙，繞到渡輪的前端。

海風意外的冷，我雙手捧著溫熱的茶杯。

此刻，我正由亞洲航向歐洲。春初，我從亞洲邊緣的島國出發，在秋末時節，我即將進入歐洲的大門。當這艘船渡過博斯普魯斯海峽，我就抵達曾是羅馬帝國首都的君士坦丁堡（Constantinople）。

可是，那裏覆著層層歷史的城市此刻正被深夜的幽暗所覆蓋，一無所見。只見對岸到處有一星星燈火，可能是丘陵地吧！那些燈光是那麼微弱，更襯托出山丘的黑暗。

「那就是歐洲嗎……」

我雖然冷，卻一直站甲板，凝望逐漸接近的黝黑山丘。

隨著船近碼頭，可以看到黝黑山丘和漆黑天空連接處突出一個尖塔狀的東西。那和我以前看過的小清真寺尖塔完全不同。那是藍清真寺的尖塔嗎？如果在白天，一定可以看得更清楚。我有點後悔搭乘夜車而來。

大約十五分鐘後，渡輪抵靠歐洲區的碼頭。

下船時，先下去的年輕白人正等著我，看到我後又默默地往前走。我加快腳步和他並肩而行。

乘客四向散去後，只剩我們兩個走在寂靜的街上。他好像熟悉這一帶，毫不遲疑地走著。街路兩旁並排著商店式住宅和倉庫建築。

道路不久變成石板陡坡。我揹著沉重的旅行背包，他只有一個輕裝的旅行袋。我氣喘吁吁地問：「在這坡上嗎？」

「對。」

「就是藍清真寺區嗎？」

「對。」

他是本來就沉默寡言嗎？還是累了？幾乎不主動開口。也以最少的言語回答我的問題。漸漸地我也話少了。

默默地走了十五分鐘左右。坡道盡頭是一條大路。他向左轉，說：「就是這裡。」

但是路上又黑又靜，看不出哪裡有廉價旅館。看到我一臉茫然，他又說：「我有住的地方。」

「……？」

「願意的話跟我來。」

他說完，逕自走開。不久，停在一棟像是破爛長屋的建築前，他像回家一樣很自然地走進去，一定是住了相當長的時間。

狹窄的通道旁邊有個小櫃檯，體格結實的中年男人在裡面打盹。他敲敲桌子，中年人慢慢睜開眼。

他在大通鋪裡保留有床位，我也想住大通鋪，可是已無床位，我嫌半夜三更在初來乍到的都市找尋床位麻煩，於是問最便宜的房間多少錢，中年人說只比大通鋪的十里拉多五里拉而已。反正只睡一晚，明早再去找房間就好。

我接過鑰匙，和他一起走上二樓，互道一聲「晚安」後各自進房。

七號客房裡只有一張彈簧疲乏的單人床。我知道沒有盥洗設備，但冷颼颼的房間裡也沒有暖氣。安卡拉的柏林旅館再差，也還有蒸汽暖氣。伊斯坦堡地勢沒有安卡拉高，或許不需要暖氣，但是飽受海上冷風吹襲又走過深夜街頭的身子難耐房間裡的冷。我坐在床邊，重重嘆口氣。

突然想起香港。是剛才坐的渡輪讓我想起香港的天星碼頭吧！那時，我也被帶往莫名其妙的可疑旅館，不安地思索自己究竟該怎麼辦，此刻在伊斯坦堡，也因意外的邂逅而投宿在不知名的破爛旅館裡，思索往後該怎麼辦。

雖然身處同樣的狀況，我卻沒有在香港時的那種亢奮，為什麼？是因為那時只是擔心冷氣強不強、此刻卻因為沒有暖氣凍得發抖的差異嗎？確實，寒氣像凝凍了我的心情。或者是在安卡拉和更彩相聚的時刻未經整理就直接沉澱體內深處的緣故。那也是。不過，最大的理由還是在於時間。離開每天都像過節的香港生活已經很長一段時間，我又繞過了幾個國家。結果彷彿失去了什麼。

旅行就像人生。以前我看到這種字句時總會嗤之以鼻。至少，若是以前的我，覺得拿旅行比喻人生的說法很滑稽。但是現在的我，逐漸有旅行像是人生的感覺。或許，旅行真的類似人生，在前進的過程中都無法不失去什麼……。

## 伊斯坦堡市集

早上，肚子餓得醒過來。看看手錶，八點多。窗外出奇地暗。我又閉上眼，但終究餓得受不了。

先出去再說吧！雖然不知道確切的退房時間，去吃個飯找旅館的時間應該還夠。

我一走出旅館大門，愕然一驚，汽車揚塵疾馳而過的大街對面，有座聳立六根尖塔的巨大清真寺。一定是藍清真寺（Sultan Ahmet Camii）。距離它這麼近，昨天晚上竟然毫無所覺，實在匪夷所思。是因為它整個溶入夜色的黑暗裡，還是當時眼中只有旅館的我太累之故？

隔著廣場，它左邊還有一棟巨大的建築物。從泛紅的牆壁看來，應該是希臘正教的聖殿聖蘇菲亞大教堂（Ayasofya）。昨晚居然也沒看見它。我一邊埋怨自己，一邊茫然呆望這兩座宏偉建築。

建築真是雄偉壯麗。不像伊朗的清真寺那樣色彩鮮豔，但結構繁複，在灰濛濛的天空下閃耀著獨特的光彩。

我呆望之際，一個念頭突然閃過腦中：這家旅館面對大街的房間窗戶或許正對著藍清真寺。

我回到旅館，問大街這邊有沒有空房間，幸好還有。我借了鑰匙去看房間。不但可以看到藍清真寺，也看得到海。雖然水平線被其他建築遮擋得斷斷續續，但確實是海。我原本打算在這旅館只住一夜，今晚另宿他處。但是景觀這麼好的房間實在難得。我回到櫃檯問價錢，一晚要二十里拉。每晚多花五里拉雖然心痛，終究不敵可以看到藍清真寺和海的魅力。我立刻換房、安置行李，然後才出去吃飯。

附近有好幾家廉價餐館，我走進一家可以隔窗看到菜色的餐館。點了釀青椒、奶油蛋捲、麵包、蜂蜜和紅茶。我非常滿足地走出餐館，想逛逛伊斯坦堡市區。

我朝著和藍清真寺相反的方向逛去，來到人潮擁擠的廣場。有條路通往市集。大概是和德黑蘭市集並稱的伊斯坦堡大市集。我隨著人潮逛進去。

裡面窄道縱橫交錯，窄道兩旁是一間間小店。光線很暗，但眼睛很快就習慣。裡面沒有特別照明，全靠天篷透下來的光線。採購客和只看不買的人、肩膀和頭上頂著大件貨物的工人氣喘吁吁地穿梭其間。天篷透下來的光線將飛舞的塵埃照得晶晶亮亮。

皮革、布料、金銀、珠寶、古董、雜貨。我閒閒逛著，好幾次逛到同一個店面。這時，站在店前的男人就問我找什麼；他也沒糾纏我，大概看得出我的荷包情況吧！

店鋪很多，逛了一個小時，像我這種沒有特別想買東西的旅人也覺得膩了。

看到出口我就走出來。緩緩的坡路兩旁滿是服飾店，店員的叫賣聲此起彼落，比大市集裡更充滿活力。我邊逛邊走，來到水果攤群集的地方。一個小販顧著一個圓形攤子，上面整齊排著水果。我很高興其中也有橘子攤。

我停在插著「一公斤五里拉」牌子的橘子攤前。攤販是個五、六歲的小孩，實在小得讓人有點心疼，但他可是精明得很。我豎起一根食指，他像了解似的開始把橘子裝進紙袋。但他挑的都是形狀色澤不好的橘子。我不覺大聲喊道「No!」伸手要拿排在攤子外緣、品質較好的橘子，這時輪到他大喊「*****！」

大概是說不行。

「No?」我問。

他露出「是的」的表情。既然這樣，我就不買了。我擺擺手走開，背後傳來小孩拚命挽留的聲音。

我於是折回去，小孩微微一笑，但又開始把藏在後面的較差橘子裝進紙袋，好像就是不能讓我自己挑選。我也卯起性子，既然這樣，我就不買，又走開了。但走到一半，覺得自己和這麼小的孩子生氣也著實可笑。或許，那小孩不是欺負我是外國人，而是土耳其人都這樣做生意。

我再度折返，又豎起食指。小孩也沒什麼不高興，又開始把橘子裝進紙袋，我看到還是形狀色澤都差的橘子時，忍不住放聲大笑。

「你還真夠堅持的！」我用日語說。小孩似懂非懂地燦爛笑著。

我抱著紙袋，迂迴走下坡路，突然碰上賣魚貝類的店鋪。店前的攤子上，鯽魚、鯖魚、秋刀魚的濕鱗在電燈下閃閃發光，還有蝦子和墨魚。

我在看的時候，夥計用土耳其語招呼我。我本來逕自走開，但被帶笑的聲音叫住。好像在說什麼笑話，我完全不懂，但心情卻亢奮起來。

我繼續往前走，來到架著長橋的海邊。這是有名的加拉塔橋（Galata Koprusu）吧！行人、車輛和攤販來來往往。橋下有餐廳，屋頂凸出海岸邊緣。

海上的小船有賣燒烤小魚和魚片三明治。受那香味吸引，我買了一份加拉塔橋製的炸魚三明治。五里拉不算便宜，但久未嚐到的魚香讓我心情愉快。

夾在伊斯坦堡的閒人之間、倚著加拉塔橋欄杆吃著炸魚三明治，心想雖然來到遙遠的異國，但已經走過阿富汗、巴基斯坦，感覺更接近日本了。只因為有海、買到橘子、也吃到了魚……。

不，伊斯坦堡有的或許不只這些。

## 8

我的預感成真。

來到伊斯坦堡兩天後，我消磨時間的方式已有節奏。因為我找到兩三個喜歡的地方。近中午時在旅館附近的餐廳吃頓簡單的早餐：優格、蜂蜜麵包和紅茶。這種簡單不是著眼於營養學，而是遷就我的財力。一份只要四里拉、約八十日圓而已。

吃完早餐後暫時坐著不動，寫寫信或是看從觀光局拿來的免費地圖，查查昨天逛過的地方。近中午時才起身走向藍清真寺。

穿過大門，從朝著麥加的左側出入口脫鞋進去。正午的禮拜剛好開始，男前女後、信徒一起虔誠祈禱。我把鞋子放在牆邊的鞋櫃裡，坐在古色蒼然的紅地毯上。寺內幾乎沒有其他異教徒，但是沒有人好奇地打量我。禮拜結束以前，我一直閉目聆聽教徒吟誦的可蘭經。有時候催我入眠，有時候激起無限遐思。但多數時候讓我有著奇異的平靜，舒適地置身在不明意義的可蘭經句裡。

誦禱結束，察覺眾人起身的氣息。我也睜開眼，隨他們一起拿著鞋子出去。

走出藍清真寺後，看當時的心情隨便走走，下坡到歐洲區的鐵路終站希爾凱基（Sirkeci）。這也是東方快車的終點站。再沿海前行就是艾米諾紐（Eminonu）渡輪碼頭。

我抵達伊斯坦堡那晚，就是搭這渡輪從亞洲區來到歐洲區。

我付了兩里拉，坐上每二十分鐘一班開往哈林的渡輪。我坐在船頭，享受眼前逐漸變化的景色。

伊斯坦堡被博斯普魯斯海峽分成亞洲區和歐洲區，歐洲側又被金角灣（Golden Horn）分成新市區和舊市區兩部分。連接新市區和舊市區的是加拉塔橋，連接亞洲區和歐洲區的是博斯普魯斯橋。

渡輪把加拉塔橋拋在背後，左瞄聳立在新市區高地上的高級大飯店建築和博斯普魯斯橋、右望藍清真寺和聖蘇菲亞大教堂、畫個弧形似的航向哈林。這渡輪也像香港的天星渡輪，是伊斯坦堡人的重要代步工具。乘客雖多，也和天星渡輪上和藍清真寺裡一樣，是這嘈雜喧囂的伊斯坦堡罕見的靜寂空間。聽見的只是取代可蘭經的引擎聲。

我迎著冷風，攏緊衣領。付了一里拉，從捧著銀色托盤兜售熱茶的男人手中接過一杯。我在日本時紅茶只喝原味，但在這裡，覺得放一小塊砂糖的紅茶特別美味，口感很好。

喝完紅茶時，亞洲區山丘上的清真寺看起來變大了，不久，約莫十五分鐘的航程結束。

來到哈林，我一時不知道要做什麼。我一下船，立刻跑到碼頭旁的攤販區。那裡除了賣口香糖、糖果、巧克力和可口可樂等清涼飲料外，也賣烤羊肉三明治。那是薄片羊肉重重纏在鐵軸上有如小孩身體般粗的圓筒狀，在火旁旋轉燒烤。客人要的時候，老闆用細長刀子切下薄薄的烤肉，配上碎高麗菜或萵苣，夾在土耳其特製的胖圓麵包裡。我好喜歡吃這種烤肉三明治，只要二點五里拉，約五十日圓。

我拿著烤肉三明治，立刻坐上回程渡輪。在船上的販賣部買一杯紅茶，坐在船頭，一邊吹風，一邊享受遲來的午餐。

不久，看到蘇雷馬尼耶清真寺（Suleymaniye Camu）。初抵伊斯坦堡那晚，在夜闇中隱隱看到的尖塔，就是這座位在舊市區的蘇雷馬尼耶清真寺。

不到下午三點，太陽已西傾得很厲害，舊市區帶著濃濃的黃昏氣息。住宅暖氣用的煤煙和汽車排放的廢氣霧濛濛地遮蔽天空。

吃完烤肉三明治、喝完紅茶時，渡輪再度回到艾米諾紐。船票二里拉、烤肉三明治和紅茶三點五里拉，總共只花了五點五里拉。

在香港時，我把連接九龍和香港的天星渡輪不到十分鐘的航程稱做「六角港幣的豪華航海」。迎著舒服的海風、舔著冰淇淋、欣賞對岸的美麗景色。冰淇淋五角，船票只一角錢。

這麼看來，這往來亞洲和歐洲的十五分鐘渡輪也可說是「五點五里拉的優雅航海」吧！

下船後在加拉塔橋附近閒逛，又走上往舊市區的坡路。逛過以日用品為主的「埃及市集」和大市集，來到銜接藍清真寺區和亞克撒拉區的耶尼賽利雷（Yeniceriler）街。我感到口渴，走進一家古董店。和老闆閒聊時，茶店的小夥計端著外賣的紅茶送來。

逛著逛著，街上到處亮起燈光。走累了有時先回旅館休息，有時隨便找家便宜的餐館解決晚餐。

## 兇惡的牽熊人

伊斯坦堡是住起來很舒適的城市。理由之一是它的飲食相當多樣。從入境印度之後至今，我沒看過連廉價餐館都有這麼豐富菜色的城市：釀肉蔬菜、羊肉漢堡、烤羊肉三明治、煮羊雜、炒菜、豆湯、青菜沙拉……。只要能接受羊肉、番茄和橄欖油，土耳其菜真是物美價廉。

土耳其人的親切態度，也讓旅人住得愉快。晚餐後的茶店裡，我雜在人群中看電視，或是觀看撲克牌戲時，總會有人招呼我、請我喝茶。在酒館裡也一樣。我點炒羊雜配啤酒時，同桌的人一定會主動搭訕，結果變成對方請我喝酒。

這份親切是對所有的異鄉人呢？還是只因為我是日本人，我無法分辨。但每一次的小小親切都愉快地滲入我長旅久疲的身體。在回旅館的路上，身體雖然在寒冷的夜氣裡顫抖，但身體深處仍感到溫暖。

當然，熟悉這種親切而失去防備心後，也難免碰上突如其來的惡意衝擊。

橫貫舊市區的耶尼賽利雷街向北走，就是加拉塔橋頭的金角灣，往南沿陡坡而下，即是連接地中海的馬爾馬拉海（Sea of Marmara）。斜坡上的住商混合區裡老舊建築密集，真是名符其實的舊市區。

那天，我又漫無目標地閒逛，看到一堆擦鞋童。他們坐在坡路的日蔭處，一邊擦鞋一邊朗聲說笑。我站在稍遠的地方觀望，他們發現我後，不停地要我幫他們拍照。我雖然不太起勁，但還是依他們的意思拿出照相機。

照完相，一個笑得很天真的小孩指指我的鞋子，擺出「要不要擦鞋」的姿勢。我的鞋子已經有些破，不需要擦。我笑著伸出單腳，他們看到鞋子後也笑著表示了解。可是其中那最小的一個認為還是可以擦。

正當我不知所措時，坡上出現一個牽著一條巨大黑狗散步的男人。我以為那是條大狗，其實是一隻熊。我根本沒想到會有人牽著熊在街上散步，才會把熊看成是狗。

那人看到我手中的照相機，也表示要我幫他照相。我為了擺脫纏著要幫我擦鞋的小孩，於是舉起攝影機。這時，那人命令熊擺出挺身凸腹的姿勢。我高興地按下快門。拍完三張，說聲謝謝正要離開時，他突然臉色一變，堵在我面前，伸出右手，好像要錢。那時，我才注意到這人穿著寒酸、目露兇光。我不理他，正要走開，他用力扯了一下繫著熊的鐵鍊，熊發出吼聲。

「吼！」

聲音之大，嚇我一跳。近距離看那隻熊，巨大而且猙獰，積著眼垢的眼睛銳利、流著口水的嘴裡不知咀嚼什麼東西。我那時頭一次清楚理解，熊不是寵物，而是猛獸。只因為拴著鐵鍊，才讓人以為是主人帶著散步的寵物。沒有想到這點，是我自己糊塗。在熊的威嚇下，我只好懊惱地付錢。沒辦法，這就是他做生意的方式。我掏出十里拉遞給他，他瞄了一眼便輕蔑地揮開，然後從口袋拿出一個繫繩的牌子掛在熊脖子上。牌子上褪色的字跡寫著：

「拍照，一千里拉。」

我撿起被揮到地上的十里拉，這時，遠遠跑開的擦鞋童又聚集過來，年長的那個指著熊脖子上的牌子對那人說些什麼，從表情看來像是指責那人。那人說了一句話，擦鞋童又還嘴。於是那人尖聲向熊發出命令。

「*****！」

熊突然衝向擦鞋童。孩子們驚叫逃開。當然他還拉著鐵鍊。雖然不是真的要攻擊小孩，但是巨大的熊以驚人速度敏捷向前撲的樣子非常可怕。

他拉回熊，站到我面前伸出手。熊面無表情地仰望著我。感覺更恐怖。

「他利用熊恐嚇我嗎……」

但是我看到他那傲慢的態度後，內心深處反而激起和恐懼完全相反的鬥志。像被當頭灑下一桶冷水般，來到伊斯坦堡以後的悠閒散漫精神突然一振。

（好！我自有辦法……）

我向他點點頭，表示我明白他的意思，接著用日語說，我知道，但是能否再讓我拍一張？我豎起一根食指，意思很快傳達過去，他表情放鬆，又命令熊擺姿勢。我在距離他們稍遠的坡道上方，假裝透過鏡頭取景，要求他和熊站在一起。他急忙靠近熊，抬頭挺胸。我看著鏡頭，裝模作樣地指出角度不對、要他改變位置，想辦法爭取時間。這樣反覆四、五次後，他開始不耐煩了。

就在這時。坡道正上方轉進一輛小貨車。司機看到熊的挺身凸腹姿勢大驚，緊急煞車。我等的就是這個機會。我假裝讓路給小貨車，靠到路邊，冷不防鑽過貨車和牆壁間的狹縫，拔腿就跑。那人察覺我的意圖時為時已遲，我已經跑到山坡上，我揮著手用日語向那血紅雙眼瞪著我的他高喊：「看誰厲害！」

這時，那些躲在遠處擔心我的下場的擦鞋童也爆起歡聲和口哨。我有點得意，還想再嘲弄那人，但看到卡車旁邊竄出的熊腦袋時，趕忙跑開。

混入耶尼賽利雷街的人潮中，好不容易脫離險境的我情緒亢奮。不覺脫口而出，「不這樣怎行！」

不過，我以後總特別小心別再碰上那個牽熊的人。

## 9

我住的旅館就在藍清真寺的正前方，亦即，布丁餐廳和哀格爾旅館就在附近。伊斯坦堡的布丁餐廳在嬉皮之間相當有名。眾口相傳，我在旅途中也常聽別人提起。據說在那裡要什麼有什麼。只是不要相信店裡賣大麻的人，他很可能是便衣警察。

其實布丁餐廳只是個門面不寬的平凡餐館。它的出名，不是因為有特製的布丁，也不是因為有好吃的西餐。嬉皮們源源不斷地聚在這裡，目的不是為吃，而是資訊。他們相信，只要去了布丁餐廳，可以得到許多旅行所需的資訊。

其實，伊斯坦堡的地理條件在這方面有些作用。從歐洲到亞洲、或是從亞洲到歐洲，只要是走陸路，一定要通過伊斯坦堡。它是旅經歐亞大陸者的交叉點。但是布丁餐廳的盛況不單純是這個因素。

餐廳牆上貼了無數張明信片大小的卡片。卡片上既多且雜的筆跡，透露著許多訊息。有人要賣汽車、照相機，有人想買睡袋和旅行背包。有人找伴同車去亞洲，有巴士招攬乘客前往歐洲。也有尋人、求職等。嬉皮受這些卡片吸引而聚集在此。

在牆上空出這塊訊息欄不知是誰的主意，但這收費的訊息欄為餐廳老闆賺了不少錢則是事實。不過我只去過一次就不想再去。我不太喜歡嬉皮盤據店內的氣氛和那不符價錢的難吃餐點。

我不去布丁餐廳，但是它隔壁的袞格爾旅館倒是去過幾趟。

袞格爾旅館裡有幾位走過歐洲各地，接下來要經由印度、東南亞回國的日本年輕人。他們不是團體，而是一個個聚集在此後認識的。多半是隨興開朗的學生，原來都只打算做一趟夏季之旅，卻不知不覺變成這種跨季長旅。

我是在來到伊斯坦堡的第二天晚上才見到他們。我想了解住的旅館價錢在什麼水準，去袞格爾旅館打聽時，在大廳和正在閒聊的他們攀談起來。從那以後，我吃過晚餐後總是經過下榻的旅館不入，多走幾步路去袞格爾旅館大廳看看。他們大抵都在那裡愉快地聊天。

我加入談話陣容，說起旅途中的種種。從免費搭乘米蘭的地下鐵到半永久性使用歐洲鐵路優待票（Eurail-Pass），以及如何重複使用旅行支票等種種方法。

某個下雨的冷夜，晚餐後我又到袞格爾旅館，四個人坐在大廳。

這一天不知吹著什麼風，我們談起伊斯坦堡。最吸引大家的是那個洗過正宗土耳其浴的人的經驗談。他連說帶演、誇張有趣地形容像職業摔角選手的壯碩男人幫他擦洗身上污垢的情形。

話題告一段落，另一個人提起在新市區同性戀酒吧的經驗，以及對托卡匹皇宮（Topkapi Sarayi）和聖蘇菲亞大教堂的感想。

別說是土耳其浴或同性戀酒吧，我連聖蘇菲亞大教堂、考古學博物館（Arkeoloji Muzesi）和托卡匹皇宮都沒去過。我愣愣地說出來後，眾人大驚。

「你可能一輩子再也沒機會看到，為什麼不去？」

有一個人很認真地問我。我雖然不認為會一輩子再也沒機會看到，但也說不出為什麼不去的答案。勉強要說的話，是嫌門票浪費吧！我唯一去過的觀光名勝是免費參觀的藍清真寺。

但仔細想想，就算門票再怎麼浪費，頂多不過五、六里拉，晚餐少吃一點不就行了。

第二天開始，我積極參觀伊斯坦堡的觀光名勝。我先去聖蘇菲亞大教堂，再訪托卡匹皇宮。托卡匹皇宮除了門票，參觀後宮還另外收費。

後宮除了架設鐵窗的女人房間外，餐廳、浴室、按摩室、舞蹈室、臥室等一應俱全。當然也有廁所，和現在土耳其一般民宅使用的完全無異。即使在從前，廁所也無太大的貴賤之分。

在寶物館裡看到碩大驚人的祖母綠和鑽石。也看到內含深深頹廢氣息的精美陶瓷。

但這些東西真是「寶物」嗎？我沒有這樣的感動。

唯一觸動我心的是考古學博物館裡的亞歷山大之棺。雖然還沒證明這真的是亞歷山大大帝的棺柩，但我無法不感到這個厚重的大理石棺裡面真的躺著亞歷山大的遺體。因為石棺有著繁複的戰鬥和狩獵圖案浮雕，好像不單純是埋葬著身分崇高的人物，那厚重密實的棺蓋彷彿也散發出不容那有如災厄的人物再度出世的堅定意志。其他房間還有亞歷山大的雕像，但比起雕像的缺乏現實，石棺有著絕對的存在感。

## 有意思的街頭

我還是覺得這個城市有趣，街上營生的人們更有趣。例如，星期天的加拉塔橋。橋上和平常日子一樣擠滿人，不只是急步來去的行人，還有不少漫步而行、靠著欄杆垂釣、和悠然觀望這一切的閒人。釣客好像技術不錯，腳邊的水桶裡裝了好幾條小魚。

我從舊市區的艾米諾紐走到加拉塔橋，橋上人潮洶湧，有一塊地方聚著特別多人，我也湊過去看熱鬧。

是傳統的猜牌遊戲。矮桌上排著三張翻面的撲克牌。莊家掀開其中一張，是黑桃A，然後又蓋回去，接著將三張牌左右移動幾次，讓人猜黑桃A在哪裡。

桌前站著像是上鉤的歐吉桑。

剛開始，撲克牌的移動方式沒有動手腳，能輕易看出哪張是黑桃A。歐吉桑十里拉、二十里拉地贏錢。莊家判斷時機差不多時，慫恿歐吉桑提高賭資。歐吉桑上當，一下子輸掉五十里拉，激動之下又押了一百里拉。

啊，可憐！我繼續旁觀，歐吉桑陷入莊家仔細設下的圈套，他指著左邊的牌。但莊家掀開的牌才是黑桃A，他又輸掉一百里拉。

可是，莊家總是不掀開歐吉桑指的那張牌。這就有意思了。

歐吉桑氣勢洶洶地要莊家掀牌，可是莊家怎麼也不肯。歐吉桑聲音越來越大，正當他伸手要掀開那張牌時，旁觀的兩個人突然掐住他的手臂把他拖出人群。又有假裝客人的四個人開始驅趕其他客人。原來這一夥老千有七個人。歐吉桑手臂被抓著，仍然大聲咆哮，行人聚過來看發生什麼事情。這時，那一夥騙子趕緊對好奇來看的行人說：「沒事，沒事，到那邊去！」

歐吉桑繼續吵鬧，體格魁梧的莊家同夥驅趕他。他拿回剛才輸掉的一百里拉，悻悻然離開。

同樣是猜牌賭戲，這裡玩得相當粗暴，不過看熱鬧的人倒覺得有趣。我站在稍遠處，冷眼旁觀傻子上當、被騙、被趕走的經過。在人潮洶湧的這座橋上，不差上當的傻子。而傻子上當的機率比魚上鉤的機率高多了。

雖說願賭服輸，但是顧客贏了，莊家不但不賠錢、還把人趕走的粗暴手法實在惡劣，難道沒有人報警嗎？在我窮操心時，那七人幫早已迅速收好桌子，假裝沒事人般往新市區走去。

又有一天，我做完藍清真寺的正午禮拜出來時，一個年齡不詳的土耳其人用日語向我搭訕。

「kon-ni-ji-wa（你好）。」

通常，用日語跟我搭訕的人不是要賣東西給我，就是要邀我去某個地方。

我不理他，繼續前進。他又說：

「ni-hon-no、ka-ta、de-su-ka（您是日本人嗎）？」

「……」

「kan-ko-u、de-su-ka（來觀光的嗎）？」

我還是假裝不知道，繼續走，他跟上我的步伐憤恨地說：

「do-u-shi-te、a-na-ta-wa、son-na-ni、ha-na-mo-chi-de-su-ka（你為什麼花期那麼長）？」

「ha-na-mo-chi-de-su-ka（花期）？」

我停步反問，他又重複一次：

「do-u-shi-te、a-na-ta-wa、son-na-ni、ha-na-mo-chi-de-su-ka（你為什麼花期那麼長）？」

看來他是要說否定形式的「ha-na-mo-chi-na-ra-na-i（怪里怪氣）」吧！我明白後不覺

大笑。他想使用難度較高的說法，但終究沒有學好。

「ha-na-mo-chi-de-su-ka（花期）嗎？」

我說著笑出來，他摸不著頭緒地也跟著傻笑。

從那以後，遠遠一看到他，我就叫他「嗨、Ha-na-mo-chi！」他也笑嘻嘻地走過來，在藍清真寺前的椅子上教我土耳其語。

在伊斯坦堡，我享受愉快的每一天。

那天早上，我去布丁餐廳。不是為吃飯，而是為了牆上的訊息。老實說，我也想去那裡貼一張「相機出售」的卡片。

這幾天我一直認真考慮賣掉照相機以補充貧乏的盤纏。本來帶照相機來有其作用，賣掉的話，這伊斯坦堡可能就是我旅行攝影的最後景點了。

吃完簡單的餐點，我開始打量那些卡片。其中有我第一次來時就看到的，也有新貼的。我找尋賣照相機的卡片。

有幾張，價錢都開的意外便宜。這樣我可能賣不出手了。我繼續看著其他卡片，突然有一張吸引了我。

那張上面寫著「徵求同車夥伴」，目的地阿姆斯特丹，車種是賓士，代價是分攤汽油錢外加三十美元。價錢絕不便宜。我訝異的是，他最後面寫著預定五天後抵達。如果到了阿姆斯特丹，倫敦不就近在眼前嗎？坐渡輪只要一天吧！也就是說六天後就到達倫敦。我如果坐上這輛賓士，一個星期後就能在倫敦的中央郵局發電報，然後打道回日本了。當然，實際上要回日本還得弄到機票，錢夠不夠猶是疑問，但理論上真的是一個星期後就可以回日本了。

我感到一陣衝擊。當然我並不考慮坐這輛車，因為我還想去希臘看看。反過來說，到了希臘，也可以在一個星期後回日本。我不是沒想過從雅典一口氣飛到倫敦。旅行的終點突然變得現實起來，毫無心理準備的我難免感到有些狼狽。

在布丁餐廳茫然半晌後，我一如以往去藍清真寺聽正午禮拜的可蘭經誦禱，然後走向艾米諾紐碼頭。

我像往常一樣坐上渡輪，也像往常一樣坐在船頭，看到哈林山丘上的清真寺。那裡有我一路走來的亞洲之路。我想起世界地圖，感覺那真是一段難以相信的漫長旅途。但背後還有差不多等長的距離。

許久不曾、真的許久不曾脫口而出了，我告訴自己：「前進吧！」繼續旅途吧！再留在伊斯坦堡，很可能糊裡糊塗地坐上那輛車。但是旅行還未結束。因為我心底還沒有體認到旅途的終點。

總之，先去希臘。以後的事到了希臘再說。

坐上從哈林返回艾米諾紐的渡輪時，我幾乎想當下就啟程前往希臘。

但怎麼去希臘，我還沒主意。因為賽普勒斯（Cyprus）的紛爭，土耳其和希臘關係交惡。鐵路雖然開放，但公路情況不知。國境雖不可能關閉，但也不會順暢。因此，我下船後直接去巴士總站詢問。

綜合好幾家巴士公司的結論，都說不可能搭乘巴士越過土耳其和希臘國境。克襄（Kesan）是有巴士開往國境小鎮伊普薩拉（Ipsala），但再過去就不通了。我知道以後，感覺體內的氣力水位慢慢升高。簡單地說，我又湧起了鬥志。

我確定了明天開往克襄的巴士在上午十一點開車，就回去收拾準備。我先到銀行換些希臘幣德拉克馬（drachmi），然後到大市集附近買一件厚毛衣。毛線雖粗，但網眼很密，我中意那褪色的黑，最重要的是它看起來很溫暖。老闆開價四十五里拉，我殺到一半以下、以二十里拉成交。

這樣就準備得差不多了。

傍晚回到旅館收拾旅行背包時，我有些猶豫。「要打電話給她嗎……」

離開安卡拉時，更彩給我一張紙，上面是一位女性的電話住址。

「到了伊斯坦堡，如果有困難時可以和她聯絡，她是我的學生，一定會幫你忙的。」她又接著說：「當然，沒有困難時也可以聯絡她。」最後更調皮地笑著補充說：「不過，你要小心，她是個大美人哦！」

更彩是要我小心什麼吧！她一直笑著重複「be careful」。

來到伊斯坦堡後，每次看到這張紙條就迷惘。心想今天算了、明天再聯絡吧……。但是，每次在街上和美女擦身而過時，總會心跳加速地猜測會不會就是更彩的學生，但我終究沒打這個電話。我大概被更彩那一聲聲「小心」給嚇到了。

如果明天要去希臘，就只剩今晚的機會了。哦不，或許見了面後會延遲出發。像更彩那樣的美女都說她是大美人，這個可能性很大。

（怎麼辦……）

但我終究沒有聯絡她。我這樣安慰自己：留在心裡，或許有一天還會再來。

# 第十四章 志願為客

## 希臘

伊斯坦堡
亞歷山大波利斯
伊普薩拉
克襄
馬爾馬拉海
帖薩羅尼基
希臘
土耳其
帕特雷
科林斯
雅典
奧林匹亞
邁錫尼
的黎波里
愛琴海
斯巴達
米斯特拉
伯羅奔尼撒半島
珊多里尼島
羅德斯島
地 中 海
克里特島
0
100
200
公里

# 1

早上，在廉價餐館吃過飯。菜色照舊是優格、麵包塗蜂蜜和紅茶，但今天我還加了茄子、青辣椒和番茄燉羊肉。根據過去的經驗，一旦開始移動，就不知道什麼時候能夠進餐、又能吃些什麼了。

我多點一份茄子、青辣椒和番茄燉羊肉，老闆好奇地看我一眼。我說今天要離開伊斯坦堡，於是他刻意多盛一些在盤子裡。

吃完豐富的早餐，我非常滿足地回到旅館，到那個留著耶穌鬍子的年輕人的房間看看。我能住進這家旅館也是託他之福。這裡不但交通方便，景觀也好，地理位置絕佳。我非常感激，但一直沒有向他道謝的機會。雖然打過幾次照面，他總是匆匆忙忙，幾乎沒有交談便擦身而過。我想跟他辭行，可是他不在，不知去哪裡了。他為什麼那樣四處奔波呢？我請他隔床的人代為向他致意後，走出房間。

回房拿旅行背包時，看到窗外的藍清真寺。

「就此告別囉！」我像演戲般無聲向藍清真寺告別。

房錢昨晚已經結清，我下樓向老闆告別，坐上客滿的市內公車到長途巴士總站。

沒有下雨，也不是萬里晴空。車站因為昨天以前的雨而泥濘一片，每當車子開出時就濺起大灘泥漿。

我買了一顆蘋果和一個芝麻麵包，坐上十一點三十分開往克襄的巴士。巴士穿梭伊斯坦堡市區不久，很快就奔馳在沿地中海前進的公路上。

來到海邊，雲層漸淡，藍天漸擴。隨著天氣放晴，海面閃閃生輝。我茫然望著窗外，對窗外的風景感到一股奇異的思念。我覺得奇怪，仔細打量，發現海邊那些間距寬敞的屋宅，紅瓦白牆，幾乎就是琉球民宅的翻版。屋簷的角度不是銳角，而是呈現傾斜和緩的線條，這一點也非常相似。

我繼續眺望窗外的風景。

途中一度停車午餐，仍按照預定在下午四點抵達克襄。

但是，到了克襄以後，要多少時間才到達國境都市伊普薩拉，從伊普薩拉要搭乘什麼交通工具到國境、又用什麼方法度過國境等，到處打聽都不得要領。只知道坐上停在那邊的迷你巴士就能到伊普薩拉。但不知道能不能趕在天黑前越過國境。夜晚穿越國境不知會有什麼危險。然而我對坐那迷你巴士不是沒有排斥。我也想今天就留在克襄，蒐集足夠的資訊後，明天再從容離開。但是我又提不起勁，總認為到時自然會有辦法的，總之先走就是。

這是目前為止我遇到任何局面都能安然度過的自信所致。但另一方面，我也感到自身深處某種東西已漸趨腐朽。

旅行給了我兩樣東西：一是自己在任何狀況下都能生存的自信，另一個是對危險的輕忽。就像錢幣的正反兩面一樣，自信造成輕忽。我自覺逐漸不關心自己的生命。

我在不知何時抵達伊普薩拉的情況下，花費五里拉坐上迷你巴士。意外的是，三十分鐘左右就抵達伊普薩拉。下車處是一片空曠草原。四周什麼都沒有，只停著兩輛計程車。乘客下車後四處散去。三個同行的乘客坐上其中一輛計程車開走後，除了等待回程開車時間的迷你巴士外，就只剩下我和那一輛計程車。

國境究竟在哪個方位？我正茫茫然時，計程車司機下車走過來。

「*****？」

我聽不懂他的土耳其話，於是反問他：「伊普薩拉？」

「是的。」他點頭說是。

「我、要去、GREECE。」

我連說帶比，但他好像不明白。用土耳其話說了些什麼。

我搜索枯腸把會說的各種希臘語都說了，他還是不懂，我最後甚至冒出日語。

「*****？」

他好像懂了，我興奮地用力點頭，他卻遺憾地搖搖頭。看他那樣子，好像是說不能開去希臘。我發現他可能誤解我的意思。我並不想坐計程車，只是想要知道怎麼走到國境。我不需要坐計程車入境希臘，我要去的只是國境。我想這麼告訴他，可是不知道土耳其語的國境怎麼說。

那時，我突然想起入境土耳其時護照上蓋有國境事務所的大印。我拿出護照，翻到在亞拉拉特山麓蓋章的那頁，指著「H U D U T K A P I S I」的字眼。

他立刻用力點頭說：「Border!」

既然知道，早說不就好了！我用日語嘀咕，司機卻指著車子說：「上來吧！」

我本來想說「不要，我用走的」，但轉念一想，坐計程車去也無妨。的確，在伊斯坦堡時為了省錢，不許自己坐計程車。但現在口袋裡還剩下沒用完的土耳其幣三十里拉。越過國境後，這些錢也不能再用，不如花光算了。

好吧！坐就坐。我跟在司機後面上車，當他發動引擎、正要開車瞬間，我發現差點忘記最重要的手續。我還沒問他要多少錢？

我用土耳其語問，他也用土耳其語回答。我知道一到十怎麼說，但是司機報的價錢超過這些數目。我不懂，拿出原子筆和便條紙要他寫下金額。他寫著二十五。

「太貴了！」

我學會這句土耳其話以後就成了口頭禪。實際上二十五里拉是很貴。幾乎等於從伊斯坦堡到克襄，再到伊普薩拉的巴士費。

「太貴了！」

我又說一次，但他似乎不為所動。怎麼辦？我冷靜比較一下我們雙方的籌碼。我不知道路。就算知道，天就要黑了，走路去也相當危險。反之，他只有我這個客人，沒得選擇。殺點價錢後我還是坐吧！我希望結果最好是雙贏，但我也有最壞的打算，大不了就坐還停在原地的迷你巴士回克襄去。打定主意，我強勢地在紙上寫著「10」。

他憤怒地奪過原子筆，用力寫下「20」。

我立刻改寫「15」。

但是他不肯再降價。我也死心了，行情大概就是這樣吧！如果折返克襄，往返巴士費和住宿費外，還加上浪費這大半天的時間，太不划算。我不是沒錢。為了表示我同意出二十里拉，正要在他寫的「20」上面打圈圈時，手卻不聽使喚地打個叉，另外寫上「17」。

進入伊斯蘭教國家以來，習慣性的殺價癖總壓抑不住。連我自己也很訝異，但既然寫了，只好遞給他看，他好像算定我會屈服似的從容地搖搖頭，而且作勢要發動引擎。我有點惱羞成怒。

既然這樣就算了！我下車走到還在等候時間的迷你巴士旁，問司機國境的方位，聽到他說「在那邊」後，也不理會他說距離很遠、最好坐計程車去，逕自開步往那邊走。

走沒多久，馬路兩邊已無人家，只是綿延不斷的雜樹林。我開始有點不安時，背後有車子緩緩接近的聲音。我回頭一看，是剛才那輛計程車。司機和我視線相對，認輸似的癟著嘴，停車揮手叫我上車。

我確定是否要十七里拉，他無奈地歪著嘴。

## 入境希臘

二十分鐘後，計程車停在一棟組合式平房前。

司機回頭說：「這裡！」

但，這真的是國境事務所嗎？伊朗和土耳其的國境會有這麼大的落差嗎？伊朗那邊不只人多，還有數十、數百輛大型拖車等著過境，這邊卻只停著一輛小汽車。仔細查看，是有一個「IMMIGRATION」（入境）的標誌。

付錢時，我給司機二十里拉。本來就決定給二十里拉的；而且，要是真用走的，到這裡時天早就黑了。若不是他先屈服載我過來，路上也不知會遭遇什麼危險。多出的三里拉小費有我的感謝之念。

再加上我還有旅行背包，連人帶貨載到這麼偏僻的地方，三里拉的小費並不為過。由於我先前殺價的態度那麼強硬，他根本沒想到我給小費這麼爽快，高興地說聲「Thank you」後離去。

走進事務所，櫃檯前有三個人正在辦通關手續。辦完後他們坐上那輛小汽車離去，裡面只剩我一個旅行者。

我拿出文件讓官員蓋章。官員說「ＯＫ」後我還不走。一時之間不知道要做什麼。

「接下來要做甚麼？」

我自己都不知道為什麼會說出這麼蠢的話來，官員笑著說：「你要去希臘吧？」

「是啊。」

「那邊有座橋。」

我照他指的方向看去，是有一座長橋。坐車來時沒注意到。我點頭後，他又說：「你走過去就行了。」

「然後呢？」

「那邊就是希臘。」

「然後呢？」

「到了希臘那邊再問吧！」

他說完又笑了。

我揹起背包，走出國境事務所。天色急速變暗。西邊天空雖然還殘餘著光線，但東邊天空已變成濃稠的深藍色。快點走吧！我站在橋頭，深深呼口氣。

那座橋不寬，但是很長，中央有個檢查站。

「走吧！」

我激勵自己，扛起背包，走上連接希臘和土耳其之間的長橋。除了我以外，橋上不見半個人影。

暮色中從一個國家過橋到另一個國家，亦即只要走過一條橋，就從一個國家到了另外一個國家，對在大海環繞的島國長大的我來說，這是難以相信的空前經驗。只要走過這條橋，也就是從土耳其進入了希臘。

來到橋中央的檢查站，土耳其衛兵要我提示護照，查證出境章後拉起欄柵。

「Goodbye!」我說。

臉頰酡紅、像個小孩的衛兵舉起單手，笑著回應。

通過土耳其的檢查站，前面還有一個同樣的檢查站，不同制服的衛兵拉起欄柵。大概是希臘軍隊的制服。

「Thank you!」

說完，年紀稍大一點的希臘衛兵也笑著回應。

我順利進入希臘。

沒走多久，我猛然發現橋上漆有顏色：白色和綠色，這大概是希臘國旗的顏色。我回頭望著土耳其那邊，果然也漆上和國旗相同的紅白兩色。

從土耳其入境希臘，就是從漆成紅白兩色的橋那端走到白綠兩色的橋這端，真是沒有比這更清楚的國境了。我不禁低聲竊笑。但那笑聲立刻被強風掃過，益增日暮時分的寂寥。

我孤獨地走在長橋上。風越來越強，也越來越冷。我雙手插入牛仔褲袋裡。晃著背上的背包低頭前行。一輛汽車從後面駛來。像被車燈追趕般，我更加快腳步。

## 2

希臘國境事務所的通關手續非常簡單，但辦妥一切蓋好章後，天色已經全黑。

這裡也沒有旅人的身影。

在伊斯坦堡時都沒弄清楚到國境的方式，入境希臘以後的事情更是毫無計畫，總認為到了以後自有辦法。但實際來到以後，卻是一籌莫展，國境事務所前不見一輛巴士或計程車。

我又冒出剛才在土耳其那邊說的蠢話，「接下來該怎麼辦？」

「你要去哪裡？」

我要去雅典，但想先在途中某個地方盤桓一兩天。我拿出從日本帶來、總算派上用場的「世界分區圖：歐洲」，唸出最靠近國境的都市名稱。

「亞歷山大波利斯（Alexanderpolis）。」

矮小結實的官員說：「很抱歉，沒有巴士。」

能登載在日本製地圖上的都市想必是有相當規模，但國境附近總該有些登不上外國地圖的小鎮吧！我可以先到那個地方住上一夜。

「這附近的小鎮？」我問。

他說：「費雷？」

「怎麼過去？」

「抱歉，沒有巴士。」

「別的呢？」

「抱歉，明天早上以前都沒有巴士。」

沒車不是他的責任，但是他再三抱歉。

「能不能走過去？」

我不肯罷休，他憐憫地搖搖頭。

那怎麼辦？外面一片漆黑，氣溫也下降。就算我有睡袋，也不能露天野宿。正當我無所適從時，他說：「如果你打算等到明天早上，可以睡在這裡。」

「可以嗎？」我問。

他語氣調侃地說：「反正那邊是你們旅行者的空間。」

在這裡過夜的窮旅人大概不少。我心虛地問：「你會一整晚都待在這裡嗎？」

他笑著說：「不，中間會換班，總會有人在的。」

這樣暖氣就不會關，可以睡在水泥地上了。

但在這裡過夜，食物怎麼辦？這附近沒有商店餐廳。蘋果也在巴士上吃掉了，只剩一個麵包。因為午餐吃得簡單，靠一個麵包很難撐到明天早上。

我和官員閒聊土耳其和日本的事情消磨時間，漸漸覺得累了。我拿出睡袋，鋪在水泥地上坐在上面。看看錶才剛過六點半。到明天早上，可是一段漫漫長夜啊！我後悔把看過的書都送人了，其中不是沒有值得一讀再讀的書。

這時進來一群年輕白人。好像是從土耳其那邊開一輛車過來的。包括兩名女性，一共七人。所有人都非常安靜。

官員幫他們辦入境手續時問那領隊模樣的人，「你們要去哪裡？」

「雅典。」

「直接去嗎？」

「能夠的話最好。」

「是嗎？」官員點點頭，指著我說：「能不能順路載那個日本人一程？」

他們一齊看著我。

「很抱歉，已經坐滿了。」

領隊的金髮青年說，但官員有點糾纏地說：

「不能設法一下嗎？到明天早上才有巴士。」

或許，他暗示了如果拒絕、通關手續就會刁難的意圖。領隊和另一個人小聲商量。那不是英語，不是德語，也不是法語或西班牙語，因為完全聽不懂，可能是北歐某國的語言。

他們很快做出結論。領隊向我說：「ＯＫ。」

其實，我寧願在這裡挨到天亮，也不願意勉強搭他們的便車，但又不好意思辜負官員的一番好意。

「謝謝。」

我向他們道謝後，也向官員致謝。

車子是中型的廂型車。領隊開車，剛才和他商量的年輕人坐在他旁邊。後面是兩排座位相向，各坐三人和兩人。我被安置在背對駕駛的兩人當中。

男生體格都和我差不多或是更魁梧。彼此伸長了腿交叉擺放，原就坐得侷促，我坐進去後更是無法動彈。不但不能伸腿，稍微動一下都會碰到別人的腿。不過沒有人顯露排斥我的態度或眼神。

他們彼此似乎也不熟識。只有緊鄰而坐的兩個人小聲交談，沒有全體共談一個話題的情況。或許是大家都累了。看他們好像已經坐了相當距離的車，都一臉疲態。

「你去哪裡？」領隊問我。

「隨便，只要有旅館的地方。」

「亞歷山大波利斯可以嗎？」

「當然，謝謝。」

他們默默地接納我，心裡一定不爽。早知如此，還是待在國境事務所較好，我有點後悔硬擠上車，但這想法太不識好歹，我只好把這輛車想做是開往旅館的接駁巴士。

## 往雅典途中

外面一片漆黑，不知道經過哪裡。覺得肚子餓了。但車子沒有停靠餐廳用餐的意思。

我對面的年輕人從膝上的小紙袋裡拿出餅乾，先請我吃，我拿了一片，他又請全車的人吃後自己才吃。我仔細觀察，每個人要吃自己攜帶的食物時，一定先請車上的人吃過後才吃。抽菸時也一樣。也都詢問別人的意願後才點燃香菸。

這的確是同車而行的禮貌。我老是被請，可惜身上只有一個麵包，不能請大家吃，只好繼續放在背包裡。

「就要到亞歷山大波利斯了。」領隊說。

我肚子裡的蟲正要開始作怪，聽了以後鬆一口氣。

沿路不見一家旅館。領隊是打算看到差不多的旅館就放我下來，但是一直沒有看到，車子就這麼開出鎮外。瞬間，他似乎考慮要不要倒回鎮上，但立刻作出決定，對我說：「直接去帖薩羅尼基好嗎？」

「沒問題……。」

「那邊容易找到旅館。」

我知道帖薩羅尼基（Thessaloniki）是僅次於雅典的希臘第二大城。位置也正好在國境和雅典中間。對終究要去雅典的我來說求之不得。

車子繼續奔馳。終於在凌晨一點抵達帖薩羅尼基。

很快就看到一家旅館招牌。不算高級，看起來也不便宜。車子停在旅館前，領隊有些顧慮，「這裡可以嗎？」

「我還有些錢。」

我說完，車內發出小小的笑聲。

我下車拿出放在後車廂的行李時，所有人都下車。連續七個小時擠在狹窄的空間裡確實難受，大家都高興出來伸展一下四肢。

我要付汽油錢，領隊說不必介意。我再三表示要付錢，他一直不肯接受。我突然不了解他們起來。我以為他們只是單純為省油錢而湊滿一車人。可是他們都有著近乎宗教的沉靜氣質。或許，這樣通宵趕路是有超越節省旅館費用的目的。他們究竟是什麼團體呢？

我困惑地扛起背包，領隊向其他人說：「走囉！」

他們一個個和我握手後上車，消失在夜暗中。

我揮手目送他們，不敢相信竟一口氣來到帖薩羅尼基。身體還有些搖搖晃晃，像作夢般毫無現實感。

走進旅館，問過櫃檯，有空房間。單人房九十八德拉克馬。我在伊斯坦堡的銀行換了一些希臘幣以備不時之需。當時的匯率是一德拉克馬約日幣十圓。九十八德拉克馬差不多要一千日圓。就帖薩羅尼基旅館的行情來看，我不知道是貴還是便宜，不論如何，我到印度以後就沒住過這麼貴的旅館。可是，我也沒力氣再去找其他旅館。

接過鑰匙進到房間，只脫了鞋子，臉也沒洗，牙也沒刷，就直接倒在床上，瞬間睡著。

翌晨，意外地很早醒來。

雖然帖薩羅尼基是希臘第二大城，我也沒有在此長住的理由。我要去雅典。我到櫃檯問巴士站地點，聽說近中午時有開往雅典的巴士。

走出旅館大門一步，我不覺低聲輕嘆。因為街景和我以前經過的地方截然不同。我來的時候是深夜，沒注意到旅館前面是條大街，方正的石造建築在晨光中林立大街兩旁。帖薩羅尼基是個都市，不折不扣的歐洲都市。

人行道上急步上班的人潮更加深我這層感覺，我之前經過的都市幾乎都看不到通勤人潮。

看到許久不見的上班風景，心口微微刺痛。像在德黑蘭看到公共電話一樣，帖薩羅尼基的通勤人潮讓我感受到都會氣息、體認自己距離真實生活的空間有多麼遠。

我和上班人潮逆向而行，看到一個賣三明治的簡易餐車。幾個男人站在餐車前匆忙吃著。賣的是頗有量感的厚餅捲烤羊肉，還有啤酒。他們配啤酒吃。看到這情景，我突然感覺好餓。昨天中午到現在什麼都沒吃。

一個年輕女人和一個小孩顧著攤子。他們長相酷似，像是母子，但女人又年輕得令人覺得他們像姐弟。兩人都默默地認真工作，那樣子讓我不覺也正經起來。

我混在希臘客人之中，指著厚餅捲烤羊肉和啤酒。烤羊肉和厚餅真是好吃。我很快吃完，又要了一份，再點了一瓶啤酒。小孩露出驚訝的笑容。

一共是三十五德拉克馬，質與量都沒話說，不過這裡的物價是比土耳其高很多。今後越接近倫敦，我越要為物價升高而煩惱吧！

美味的厚餅捲羊肉和兩杯啤酒下肚後，我精神抖擻，想逛逛帖薩羅尼基。來到寬闊的十字路口，不知哪裡飄來海潮的味道。那時，我才想起帖薩羅尼基是個港灣。

受到海潮味道的吸引，我來到一條沿海大道，那裡可以俯瞰形成一個小灣的整個港都。港都沐浴在冬天微弱的晨曦下，微微染上橙色。停泊的船隻、微波蕩漾的海面承受淡淡的陽光，閃爍生輝。我把背包放在人行道上，眺望那美麗的港都。

往雅典的巴士十一點半開車。票價兩百六十德拉克馬，約兩千六百圓，車程八個小時。從安卡拉到伊斯坦堡也是八個小時，票價只要三十五里拉、約七百圓。比較起來，希臘的票價是土耳其的三、四倍。在地圖上看，帖薩羅尼基到雅典的路程是比較遠，而且只有安卡拉到伊斯坦堡間高級巴士的半價，不能說太貴，但我確實不能再用從前那種感覺繼續旅行了。我確實知道，自己已進入歐洲。

途中一樣為了午餐停車休息。不知那小鎮叫什麼名字，巴士停在廣場邊，司機說休息一個小時。他說的當然是希臘語，我聽不懂。旁邊的乘客向我伸出手錶，指著開車的時間。

因為早餐吃得很飽，又被昂貴的票價略微嚇到，我打算省下午餐錢。乘客到附近餐館吃飯時，我嚼著昨天的麵包四處閒逛。穿過廣場來到對面，有個在地人專用的咖啡館。

坐在露天雅座上的兩個老人看我一眼。在距離他們三十公尺時我不經意地露出笑臉，他們招手叫我過去。指著面前的椅子要我坐下。我乖乖地坐下。桌上擺的不是咖啡，而是裝著透明液體的玻璃杯。是希臘土產的茴香烈酒Ouzo嗎？

「Ouzo——?」我問。

老人搖頭。

「Ou——zo?」我改變發音再問。

老人還是搖頭，要侍者拿杯子來請我喝。我喝下一口，有松香的味道，Ouzo不正是摻了松香的酒嗎？

「Ouzo!」

我依然認為是Ouzo，但他們同時說「Retsina!」

果然不是Ouzo。

我又喝了一口，他們要我吃小碟子裡的橄欖。橄欖下酒，很有日本居酒屋的風情。

我們幾乎沒有交談，就這麼笑呵呵地相對，巴士開車的時間快到了，我想該早點離開，但他們遲遲不讓我走。好不容易道謝完畢跑回巴士時已過開車時間，我一上車立刻開動。

開車後我隔窗曬著溫暖的陽光，Retsina的後勁發作，有點想睡。

醉眼迷濛中，希臘的沿海風光有如夢中景致。海面平靜無波。沿路的房子紅瓦白牆，這和土耳其有什麼不同呢？希臘和土耳其的紛爭，在外國人的眼中，就像親戚之間的糾紛一樣。

我邊想邊看，突然發現一個真的和土耳其不同的地方。土耳其的清真寺尖塔在這裡變成了希臘正教教堂的圓頂。此外，沿路的風景也有決定性的不同。

沿路有許多個小祠廟，多半五、六十公分見方，大的最多也不過一公尺見方，像一座座小房子。每次經過時，我就探頭窺望，只見裡面貼著耶穌基督和聖母馬利亞的聖像，有的地方還點著蠟燭。

我問旁邊的中年人那是什麼。他兩手合掌做出拜拜的姿勢，我想大概是祭祀車禍罹難者，像日本祭拜地藏菩薩的小祠廟吧！數量之多，不難想見這個國家的人開車多麼勇猛。

## 雅典第一印象

車子在下午七點抵達雅典。

我搭乘市公車到奧摩尼亞廣場（Plateia Omonia）。因為聽一些嬉皮說奧摩尼亞廣場附近有廉價旅館。

我跟著人潮走到廣場大圓環，只見一大堆人擠在那裡叫囂不停。他們拿著報紙，和講台上的人呼應。我很想看下去，但得先找到安身的旅館不可。

我漫步附近，問過幾家，掌握大致的行情後，回到其中最乾淨的一家。房間比在帖薩羅尼基的旅館差，但價錢只要七十德拉克馬，沒什麼好抱怨的。

我放好行李，跟櫃檯要份簡單的雅典地圖，出去吃飯。

我走到雅典市中心的憲法廣場（Sintagma），這裡也是群眾騷動。究竟是怎麼回事，我問一個學生模樣的年輕人，原來是選舉快到了，但我不明白民眾的狂熱從何而來。希臘好像發生了大變動。這一年我幾乎沒有關注世界的動靜，不了解狀況。雖然我以前也幾乎不關心政治情勢，但此刻突然有種奇妙的疏離感。

到了觀光客必到的布拉卡地區（Plaka）。我聽說這裡不分晝夜總是人潮洶湧。尤其是晚上，專賣希臘菜的餐館塔弗納（Taverna）飄出陣陣誘人的串烤食物Souvlaki的香味，俱樂部也飄出希臘音樂的旋律。

可是今晚的布拉卡非常冷清。俱樂部前拉客的男人不時叫住我，路上沒幾個行人，像淡季的觀光地一樣安靜。布拉卡地區的塔弗納對我來說還是貴，我逛了一小時後，仍然回到奧摩尼亞廣場找廉價餐館。

我找到一家，老闆也讓我到廚房看菜，我點了看起來最好吃的絞肉、茄子和乳酪一起烤的菜，加上沙拉和麵包，滿足地回到旅館。

這一切雖然和過去沒有不同，但我就是感到缺了什麼。覺得有些地方和過去有了微妙的差異。我也不知道有什麼具體的不同，但那種感覺直到入睡時都沒消失。

## 3

翌日開始，我又像到達一個新的都市時一樣，漫無目標地漫步街頭。

走過特產店櫛比鱗次的布拉卡地區，去阿提納斯街的生鮮食品市場買水果，也登上雅典最高的利卡貝特斯山丘（Lykabettos），並在寬敞的國民公園（Ethnikos Kipos）裡小憩。就是沒找到感覺對味的地方。我在雅典找不到喜歡的、可以當作據點的地方。不論走多少路，對我來說，雅典始終是個呆板無奇的城市。

或許我不該一開始就先去雅典衛城（Akropolis）。我還沒漫步雅典街頭，就先登上衛城，想從那裡俯瞰雅典市區、培養我的地理感。

從奧摩尼亞廣場經過車輛壅塞的史塔迪街、穿過憲法廣場，和國民公園，繞過廣場東側大道（Leoforos Amalias），仰望右邊山丘上的帕特農神殿（Naostou Parthenon）。讀書時多次在社會課本上看到的神殿大理石柱在藍天下發出白色光彩。走進戴奧尼索斯・阿瑞普街（Dionissiou Areop），向右轉登上一個緩坡，就看見樹蔭之間連到衛城的階梯。我爬完階梯，喘口氣再繞過山丘，來到賣門票的地方。

普通票三十德拉克馬，學生票五德拉克馬；差距相當大。我竊喜在印度弄到的假學生證終於能夠派上用場。可是，我在售票窗口出示學生證時，售票員只瞄了一眼便推回來。我難堪地把學生證收進口袋，乖乖地付了三十德拉克馬。我不可能為這張只蓋了橡皮圖章的假學生證和他理論。

穿過大門，再爬一段階梯，終於來到丘頂。

那一瞬間，帕特農神殿遮蔽了我全部的視野。它比我想像的還大，已讓我感到驚訝。但更驚訝的是散落四周的巨塊大理石。我模糊的印象中，以為只有帕特農神殿佇立在一無所有的高地上。實際上帕特農神殿的四周，不只巨石磊磊，還有好幾座建築物遺跡。

日頭已高，觀光客稀少。冬天不是希臘的觀光季節吧？

我仰望多立克式（Doric，五種古典建築中最早的一種，其特點是柱身有凹槽但無雕飾——譯注）圓柱支撐的大梁雕刻時，背後有人讚嘆：「真美！」

我回頭一看，是一對白人老夫妻。

「真美啊！」

銀髮老太太又重複一句。我像被強迫感動似的，隨便敷衍兩句就要離開時，老太太叫住我，「能幫我們照相嗎？」

我說當然，接過照相機。老太太督促她先生站上高兩階的地方，面向著我。我一邊端起照相機，一邊想真是很久沒有這樣遇到觀光客了。

我把照相機還給走下階梯的老太太時，她問我：「你沒帶照相機嗎？」

「不，我有帶。」

「那我幫你照好了。」

我並不想拍紀念照片。

「不用了……」

老太太以為我客氣，伸手催促我快點把照相機遞給她，我只好從背包拿出相機交給她。

從他們這種好管閒事的熱心來看，大概是美國人。我也站在階梯的第三階面對相機，心想，也真的很久沒有這樣在觀光勝地請人幫自己拍照了。上一次是在新加坡吧！

拍完照，我謝謝她，接回照相機，便離開他們，在神殿周圍閒晃。

衛城並不是真正的廢墟，卻散發著濃濃的故作荒蕪氣息。從任何角度觀看，帕特農神殿都很雄偉壯麗，但那姿態既不像作為信仰之地而活著，也不像是個廢墟而徹底死亡，而是羞於作為觀光勝地難堪地永續長存。

繞過一圈回來，我再度環視四周，大門旁的巨石之間坐著一位白衣老人。他像是幫人攝影的，面前擺著架在三角架上的照相機。我很好奇，在這觀光客隨身攜帶照相機的時代，還會有人找他拍攝紀念照片嗎？生意的確冷清，靠近的都只是貓而不是客人。老人拿吃剩的午飯餵貓。

我覺得那樣子很有趣，拿起相機對準他們，老人察覺似的突然緊張地端正坐好。雖然他幫人拍照維生，自己還不習慣被拍照。

「是住在這裡的嗎？」剛才那老太太靠過來問。

我回答說：「怎麼會？」但發現她的視線正追逐著貓的動靜，趕忙改口說大概吧！應是棲息在衛城的野貓吧！

「好可憐！」她說。

我問為什麼。

「沒有吃的。」

或許吧！

「又髒！」

那也是。

「我們旅行時家裡的貓都安頓好了。」

「……？」

「旅館。」

「旅館？」

我訝異地提高嗓音，老太太笑著說：「寵物旅館啦！」

那真是比這裡的野貓幸福多了！我這麼想，可是沒有說出來。

野貓吃完老攝影師餵的剩飯後，爬到圓柱前陽光充足的階梯上舒服地曬著太陽。生存在衛城上的只有野貓。

## 去過日本的希臘船員

從那以後，不論怎逛雅典，就是覺得意興闌珊。作為觀光勝地的雅典應該不是雅典的全部，但不論走到哪裡總覺得那地方洋溢著和衛城同樣的乾燥屍臭。

好像少了什麼。為了尋找那個什麼，我也去過雅典有名的外港皮雷烏斯（Piraievs）。

從奧摩尼亞廣場搭地鐵，二十分鐘左右就到皮雷烏斯。我閒閒走在多坡路的皮雷烏斯街上，經過招攬愛琴海群島旅遊的旅行社林立的街道，在繫留無數遊艇的小灣畔休息，看看貼在高級海鮮餐廳前的菜單，吃吃帖薩羅尼基也有的餐車三明治。

傍晚感覺風冷想回去時，上坡下坡地繞了半天就是找不到地鐵站。我等在原地想找人問一下，一個穿牛仔褲的男人走過來。我想他不是學生，但應該懂點英語。

「對不起，請問地鐵站在哪裡？」

他仔細打量我的臉後，突然用日語說：「日本人嗎？」

他的日語有外國人的特殊腔調，我心想麻煩了，但嘴上仍然說是。

他立刻高興地說著：「神戶、清水、橫濱！」

他曾經作過船員，七年前去過日本，那時他的船停泊過神戶、清水和橫濱。我說那時我還在橫濱讀書，他聽了非常高興，硬要請我喝咖啡。因為是我主動問路，也看不出他要帶我去什麼地方兜售東西的意圖，而且我也不急著回去，於是接受邀請，隨他到附近一家漂亮的咖啡館。

女侍來點餐時我說咖啡，他還問我是不是「雀巢咖啡」，我笑著說不是。

不知道為什麼，在希臘，咖啡豆渣黏在杯底的希臘咖啡才叫咖啡，歐美那種爽口的咖啡叫雀巢咖啡。價錢也有差別，希臘咖啡要四德拉克馬，雀巢咖啡要七德拉克馬。我到希臘以後，當然只喝希臘咖啡，習慣以後，感覺有點像espresso咖啡，也相當好喝，沒有必要喝較貴的雀巢咖啡。

女侍離開後他說：「伊勢崎區，你知道嗎？」

我說當然。

「伊勢崎區，一晚三百，OK。」

他說完，高興地咯咯笑。我無法分辨那是旅館錢還是玩女人的錢，因為不知道那三百是什麼單位。如果是日圓，那太便宜了，如果是美金，那又太貴。但我還是隨聲附和說是嗎、很好。他一直不停說日本很棒很棒，突然像唱歌般哀怨地說：「傷痛的我，傷痛的心……」

「……？」

「傷痛的我、傷痛的心……」

是某個日本人教他的吧！是誰，又是在什麼場合用上的呢？傷痛的我、傷痛的心……。在他口中好像沒有特別的意義，他很快又談到在日本買的收錄音機現在還視如珍寶。

閒聊同時，我是有點期盼這個邂逅的契機能讓我在希臘有新的際遇。

聊了三十分鐘吧！話題告罄，他幫我付了咖啡錢。可是走出咖啡館後，他告訴我怎麼去地鐵站後便瀟灑地揮手作別。我目送他的背影，還依戀著剛才以為會發生什麼的期望。

我在更冷的風中哼著傷痛的我、傷痛的心，走向地鐵站。突然想到他說的一晚三百，可能是午夜場色情電影的票價吧……。

## 不同的國度

我在第三天終於認清，什麼也不會發生。因為我來到一個和以前所到之地都不同的地方。我想起伊斯坦堡那位Hanamochi說的話。

他是外表完全看不出來的知識分子，不但會一點日文，英語說得比我還好，他說他大學畢業可能不是吹牛。

我們在茶店喝茶時，談到「茶」這個話題。我說我之前經過的國家茶的發音都近似「cha」，很有意思。他也深深同意，說土耳其人很喜歡喝茶，但希臘人只喝咖啡不喝茶，因此喝茶的國家都是朋友。的確，「亞洲一家」的說法很籠統，很難界定指的是哪裡到哪裡，但若是從喝茶國還是喝咖啡國來區分就很容易。如果以此為基準，土耳其以東就是亞洲。

「所有的茶國啊，團結吧！」

他興奮地高呼，我卻澆他一盆冷水，

「英國人也喝紅茶！」

他一時愣然，很快又問我：「英文的茶怎麼說？」

「tea。」

「法文呢？」

「te吧！」

「德文呢？」

「大概也是te吧！」

「你看！」

「怎麼？」

「他們喝的都是T字開頭的茶，我們喝的都是C字開頭的茶。」

那時我只是笑笑，覺得不無道理。

總之，我從土耳其進入希臘，就是從亞洲進入歐洲、從伊斯蘭教國家圈進入基督教國家圈、從茶之國進入咖啡之國、從「C」開頭的茶國進到「T」開頭的茶國，來到了不同的國家了。

有天晚上，我在奧摩尼亞廣場的廉價餐館吃完飯回去，突然在旅館房間裡做起伏地挺身。沒想到體力衰退得那麼厲害。

「一、二、三、四、五、六……」

我邊數邊做，覺得自己這個樣子很可笑，不覺笑出聲來。一洩了氣，人翻滾在地板上，躺著繼續笑。別人看來這樣子大概是瘋了。我雖然這麼想，還是笑個不停。好不容易按捺住笑的衝動，我原地不動地想著。

我和雅典這個都市真的是格格不入。但這種隔閡是否針對希臘整體，我還不敢斷定。為了確定是否如此，或許我該移動一下。

我翻身而起，拿出希臘地圖。我坐在桌前看著地圖，吸引我心的還是散落愛琴海中的小島。

克里特島（Kriti）、羅德斯島（Rodos）、米可諾斯島（Mikonos）、珊多里尼島（Santorini）、提洛斯島（Delos）……。

藍天碧海、石板坡路上的小教堂、倚著白牆的黑衣老太婆……。

不記得這是哪座島嶼的風景，只記得在介紹愛琴海群島風光的影片中看過。那有如繪畫般的美麗風景。可惜荷包供不起我悠遊那些美麗島嶼的生活。

我的視線移到伯羅奔尼撒半島（Peloponnisos）。

伯羅奔尼撒半島位在雅典西邊，在科林斯（Korinthos）附近和大陸相接。地形像是小一號的九州。島上的地名我只知道三個。奧林匹亞（Olympia）、斯巴達（Sparta）、邁錫尼（Mikines）。但我還知道伯羅奔尼撒半島被稱為「希臘的鄉下」。希臘這個國家若是歐洲的鄉下，伯羅奔尼薩半島就是希臘的鄉下。我模糊設定這趟旅行的希臘路線時，不是沒有想過到伯羅奔尼撒半島看看……。

考慮一個小時後，我決定去伯羅奔尼撒半島。既然要去，愈快愈好。我想先去最近的邁錫尼看看。

## 4

但是，第二天因為先去日本大使館和觀光局辦事，耽誤了出發時間。

去大使館是為詢問有關護照的事情。

漫長的旅途下來，我的護照難免使用過度，雖不至於破損或裝訂脫線，但二十二頁的「查證」欄蓋滿了各個國家的出入境章。

仔細翻閱，護照上有各式各樣的欄位。首先是封面裡的「要求相關官員准許持有本護照之日本國民通行無礙、並予以必要之協助。日本國外務大臣」。第一頁是英文記載；第二頁是護照號碼以及我的出生年月日、身高等個人資料；第三頁和第四頁各自明記前往國家和時效；第五頁是照片和我的簽名；第六頁到第八頁是「追記」欄；第九頁以後是「查證」欄。

土耳其和希臘的入出境管理處官員都把章蓋在空白的「追記」欄，而不是擠滿其他國家戳記的「查證」欄，使得我的護照空白頁數已所剩無幾。想到今後還要經過好幾個國家，到時恐怕無處可蓋。我想避免這種狀況。目前為止，我所經過之處，幾乎沒買任何紀念品。我認為出入這些國家之際蓋在護照上的章，就某一意義來講，也算是紀念。它記錄了我在那些國家經歷的時間，對我來說，比任何紀念品都珍貴。因此，我希望所有的出入境章都能完整清晰地留存在護照上。

可是，所有的旅遊書籍都沒指出，也沒聽人說過，旅行途中護照用完空頁時該怎麼辦？要申請新的護照嗎？如果這樣，就必須去拍新的照片，拿到新護照也需要幾天。我想在去伯羅奔尼撒半島前辦好新護照手續，等回雅典時就能拿到。

我不是第一次為這事去日本駐外機構。在土耳其時曾想早點處理這件事而前往日本領事館，順便看看有沒有我的信件。

伊斯坦堡的日本領事館大門緊閉，門上貼著「請按此鈴」的字條。我按鈴後，裡面打開僅容一人通過的空隙讓我進去，隨後，當地雇用的土耳其籍職員給我一張紙，要我寫下姓名。我寫好交給他，不久裡面走出一位日本女性，一開口就問：「有沒有攜帶武器？」

我笑著說沒有，她不假辭色地說：「給我看你的護照！」

我照指示拿出護照，正準備跟著她進去時，她以高壓的語氣說：「背袋放在這裡！」

我霎時感到極度厭惡，當場打道回府。

雅典的日本大使館警戒不像伊斯坦堡那樣誇張，辦事的男職員也很客氣。

我出示護照，問他該怎麼辦，他很乾脆地說：「增補就好。」

「增補？」

「貼些空頁在後面就行。」

「可以嗎？」

「很簡單。」

我問就在這裡辦嗎？他說當然，而且立刻就辦。我說拜託了。

「一千五百圓。」他說。

「啊？」

「要繳一千五百圓的工本費。」

他這麼一說，我傻眼了。我根本沒想到錢的問題。一千五百圓是我在雅典一兩天的生活費。光是為了蓋章，值得這樣浪費嗎？

看我陷入深思，他不解地問：「怎麼？」

我老實說出我的經濟情況，他笑著說，「要增補護照的人是不多，但會為這點錢煩惱的人倒還是頭一次遇到。」

我想了又想，決定還是繼續使用剩下的空白頁，什麼也沒做就離開大使館。

## 前往希臘的鄉下

我繞到憲法廣場的觀光局，打聽開往伯羅奔尼撒半島的巴士時刻表。

雖然觀光季節已過，這裡還是聚集不少扛著旅行背包旅人。我選擇櫃檯後面是個中年婦女的那一排站在最後。輪到我時才說明來意，她就非常不耐煩似的把時刻表丟給我。這是我來希臘以後頭一次遇到這樣露骨的粗魯態度，我嚇一跳。我的措詞並無冒犯之處。大概是她家裡或辦公室裡有什麼不愉快吧！

時刻表上印著各地與雅典的距離、行車所需時間、票價和開車時刻。邁錫尼的部分記載如下：

雅典＝邁錫尼 130公里 2小時 85元

7:00 8:30 10:00 11:30

1:00 2:30 4:00 5:30 7:00 8:30

我計算回旅館收拾行李所需的時間，決定坐兩點半開的車。

回旅館途中，在阿提那斯街（Athinas）的市場買了橘子。來希臘後，食物方面的最大發現是橘子特別甘美。它和美國柑橘不同，沒有奇怪的甜味，而且多汁。我決定帶橘子上車吃。

順便到奧摩尼亞附近的廉價餐館吃了來希臘以後愛上的乳酪、絞肉、茄子一起烤的Mousaka，拿了寄放在旅館的行李就往巴士站。

坐上六十五號公車，車行二十分鐘左右，到達基非索夫巴士總站。這裡也是帖薩羅尼基來的巴士終站，往伯羅奔尼撒半島的巴士也從這裡發車。

下午兩點半，巴士準時發車，繞經雅典市區不久即奔馳在沿海公路上。從衛城俯瞰周圍，東邊是利卡貝特斯山丘和密集的住宅屋頂，西邊不遠不近處是連接愛琴海的薩羅尼加灣（Saronikos）。我登上衛城是在白天，心想海上日落的景觀一定很美。此刻，隨車奔馳在薩羅尼加灣的沿岸公路，西傾的太陽照耀海面，微微帶紅的黃色光芒鈍鈍地覆蓋了海面。可惜我的巴士在那黃光綻放燦爛的光彩前向沿海公路告別，駛進兩旁漸漸是橄欖樹的山區公路。橄欖樹比人略高一點，茂密的淡綠色樹葉間掛著纍纍的同色果實。

經過科林斯後，幾乎看不到有規模的市鎮，甚至連村莊都少見。點點散落途中的村落，不管多麼小，總是高高聳立著教堂的圓頂和十字架。

四點半抵達邁錫尼。

觀光局的人說邁錫尼有青年旅館。下車一問，還需要走三十分鐘左右。我暗暗叫苦，但當地人說遺跡的位置還更遠。沒辦法，只好乖乖地走上那條冷清的路。

差不多三十分鐘，果然看到前面有青年旅館。大概投宿的人不多，我向服務人員要住房，立刻派給我一個大通鋪的床位，根本沒檢查會員證，乾脆得讓我有些失落感。出國前為了要不要辦青年旅館的會員證還煩惱了一陣子。聽說進入生活費用昂貴的歐洲後，青年旅館可以替代亞洲地區的廉價旅館，因此特別去青年旅館協會辦好一張會員證。可是希臘，至少在邁錫尼這裡，根本不要會員證就能投宿，顯得我當初拿到會員證時的欣喜有點滑稽。印度弄到的假學生證，日本中辦的青年旅館會員證，通通派不上用場，真是奇怪。房間裡沒有其他宿客的氣息，幾乎等於單人房，只要三十德拉克馬。會員證雖用不上，這個價錢也沒什麼好抱怨的。

我把背包放在床邊，立刻去看邁錫尼王朝的遺址。

從青年旅館再往上走約三十分鐘的坡路，就可看見獅子浮雕的石造大門。走進門內，再往上爬，只見一塊窪地和基石散落的宮殿遺址。

四周不見人影，只有我獨自迴繞，感覺這景觀似曾相識。

暮色漸掩中，我走到遺址最高的地方，俯瞰下界瞬間，極美的景致令我屏息。

夕陽已經西沉，亞格里斯平原（Argolis）慢慢變成無彩色的世界。一切都漸漸染上淡淡的墨色，四處霧靄氤氳……。

我佇立在這黑白世界裡，終於明白為什麼這些風景似曾相識。

高中一、二年級時我常到有樂町的「日劇」地下室看歐洲片。《長跑者的孤寂》、《去年在馬倫巴》、《蜜之味》等都在那裡看的。劇情大多艱澀難懂，我沒有自信是否都能了解，但多半時候還是聚精會神地觀看。

其中有一部希臘片《Electra》。我去看時，是做完田徑集訓的週末傍晚，人已經很累，因此有三分之一的時間都在睡覺。偶然醒來，只見女主角徘徊廢墟中。我又睡著，再睜眼時還是那個女演員在廢墟中嘶聲吶喊。電影的黑白陰暗畫面一再誘導我的睡意，幾乎無法捉摸劇情，只留下一堆瓦礫和女主角佇立其間的印象。但我堅信那堆瓦礫廢墟不是攝影棚內搭建的布景，而是真正的遺跡。或許，電影中荒涼的瓦礫背景就是這個邁錫尼宮殿遺跡吧！

阿加門農（Agamemnon）打贏特洛伊戰爭後，帶著美麗的俘虜特洛伊公主卡珊德拉凱旋邁錫尼，卻遭妻子克麗泰涅絲特拉（Klytaimnestra）和情婦艾姬絲特合謀殺害。因為阿加門農以長女為犧牲獻給神，克麗泰涅絲特拉對他懷恨甚深。次女愛麗克特拉（Electra）知道父親之死後，擔心厄運降臨弟弟歐雷斯特身上，安排歐雷斯特遠逃他鄉。八年後，長大成人的歐雷斯特回到誓言復仇的愛麗克特拉身邊。姐弟倆合力為父親報仇雪恨，但是另有一場悲劇正等著殺死親生母親的這對姐弟……。

我是大學時讀了埃斯庫羅斯（Aischylos）和歐里庇德斯（Euripides）的希臘悲劇後，才了解《Electra》的故事內容。我在時睡時醒中看到的，是父親被殺後、弟弟歸來前悲嘆命運的愛麗克特拉。

我想，當時在這宮殿遺跡裡，不只是電影中的女演員，恐怕連三千多年前的愛麗克特拉的幽魂也在其間徘徊……。

歸途中我順路去看稱為阿加門農陵墓的寶物殿。但是天色已黑，我放棄進去參觀。

翌晨，我再去宮殿遺跡。晨曦中亞格里斯平原一望無際，阿加門農曾經統治這一帶。仔細觀察，這座宮殿建在兩座高山、一座小高丘圍繞的地理位置中。顯見希臘在那個時代已有思慮充分的築城法了。

回去時又順路去阿加門農陵墓參觀。裡面像冰室般幽暗靜寂，但並沒有日本古墓那種詭異的濕氣。這裡即使有像謝里曼（Heinrich Schliemann，一八二二—一八九〇，德國考古學者，曾在希臘和小亞細亞發掘特洛伊遺址、米尼亞斯寶藏及邁錫尼遺址等——譯注）在宮殿遺跡挖到的黃金面具之類的東西出土，也不會沾有嘆息、悲傷、詛咒、怨念這些感慨吧！在這個空間裡，一切都已乾燥成灰。大概因為這座陵墓不是土造、而是石頭修築的緣故吧！

## 斯巴達橄欖園中的老人

我回到青年旅館，拿了行李再坐上巴士，駛向下個目的地。

邁錫尼之後要去斯巴達。途中停靠那普良（Navplion），但我無意久留。那普良是以海上浮城出名的古都，但是那座浮城就是一家高級飯店，只有住宿旅客才能登陸。我從岸邊眺望，風景美是美，僅此而已。我從亞格里斯轉往斯巴達，下午就抵達斯巴達的小小巴士站。

古希臘時代和雅典爭霸的強大斯巴達，如今是個無法和首都雅典比擬的鄉下小鎮。我找到廉價旅館，安置好行李，立刻走訪古希臘時代的斯巴達。

古斯巴達在現代的斯巴達鎮外。其實這種說法並不正確。因為那地方是有一些像是遺跡的東西，此外一無所有。只見一大片一大片的橄欖樹園，地下散見不知是石牆還是建築地基的石塊。古斯巴達徹底毀滅了，絲毫不留供人追憶往昔盛況的東西。

我深入橄欖園中的道路，看見一個老人坐在石頭上。

「你好！」

我用希臘語招呼，他沒有反應，好像聾子。

我繞了大半天，還是一無所見。我倒覺得真乾脆。情緒比站在阿克波里斯山丘上時還要強烈起伏。該消逝的事物就讓它消逝吧！消逝之後若能滋生新的東西，就讓它滋生吧！我們無須為已然消逝的事物惋惜。斯巴達已死。阿克波里斯山丘上雄偉建築殘骸的美未必贏過斯巴達這種徹底乾脆的死。

橄欖樹結實，我摘下一粒扔向天空，回到原路時，老人還是同樣姿勢坐在石頭上。

「Good bye.」

我經過他身邊低聲說著，他突然對我說：「你會英語嗎？」

他並不是聾子。

「會說一點。」

我一說完，他突然喋喋不休起來。

聽他的敘述，知道他是美國人，在紐約的大學教書，十六年前退休後來到希臘，就此定居。希臘雖然也有通貨膨脹，但他還是能靠少許的錢，過著美國享受不到的寧靜生活。

我問，沒有在異國生活的不便嗎？他充滿自信地說，完全沒有，因為不需要電視、不需要新書，只要重讀以前讀過的舊書就好……。

接著，他以說教的語氣談到斯巴達。斯巴達經歷三次大變動，那光榮的城邦國家斯巴達已一無所留，除了這些石頭。希臘的歷史家也說過。斯巴達滅亡後，絲毫沒有留下從前那個國家存在過的痕跡。其實這也是我喜歡的一點……。

他突然問我：「去過米斯特拉嗎？」

「沒有。」

「你一定要去！」

「好。」

我不覺像學生般乖乖點頭稱是。

「那雖是中世紀的宗教都市，但也遭到徹底破壞，不過，還是一個美麗的小鎮，廢墟小鎮是美麗的……」

翌日，我向旅館要了地圖，去米斯特拉。

斯巴達有巴士開往米斯特拉，但是我為了省錢，步行了一個多小時。

現代的米斯特拉比斯巴達更小，不消十分鐘，就從頭到尾走完全鎮。中世紀的米斯特拉則位在較高的山坡上。

登上相當陡的坡路，左邊有個石牆圍繞的大門。穿過大門，登上左彎右拐直達丘頂的陡峭石梯。途中有幾個已成廢墟的教堂。我窺看其中一座內部，天花板上畫著耶穌基督和聖徒的畫像。有的即將消失，有的還很鮮明。我繼續爬著石梯，受到腳步聲的驚動，蜥蜴從草叢中鑽出，橫過我面前。時間大概還早，沒有其他觀光客。

爬了二十分鐘左右，終於到達丘頂。站在快要傾塌的城寨牆前俯瞰下界，在紅綠相間的美麗樹林中，已成廢墟的舊鎮一覽無遺。只剩牆壁的各種建築、散在其間的大小紅瓦教堂。遠處是遼闊的斯巴達平原和圍繞它的帕儂山脈。牆後面是深谷，再過去又是山坡。凝眼望去，野生山羊漫步坡上。一頭羊停步，轉臉凝望這邊。我揮揮手，深吸一口氣後緩緩走下山坡。

城寨傾頹的牆壁間又鑽出一隻蜥蜴，像窺伺我的動靜般凝然不動。在這死寂的鎮上，居民只有山羊和蜥蜴。

我坐在牆上，繼續眺望米斯特拉全景。陽光明亮，寂靜無聲。就像古斯巴達的那個老人說的，因為空虛、因而美麗的風景。

眺望中，我想起泰國的古都大城（Ayuttaya）。

從新加坡返回曼谷途中，因為飛加爾各答的印航班機還要等幾天，因此趁機到大城一日遊。

我從火車站走向阿優塔雅王朝遺跡途中，驟雨遽降。我跑進一間紡織工廠躲雨，雨停後出來一看，天空黑壓壓的雲層間射下一道只能形容為神秘的光。在那近乎神聖的光芒照射下，一匹母馬和小馬在遺跡中吃著濕潤的青草。我那時打從心底覺得好美。但同時也想到，我不是為了看這種風景而旅行的。那種感覺在後來陷入加爾各答的狂熱漩渦後就忘記了，如今在這類似大城遺跡群的米斯特拉遺跡前，又慢慢甦醒過來。我不是為了欣賞這種美好風景而旅行的。但，如果不是這種風景，那為的又是什麼呢？

我想起斯巴達廢墟的那個老人。他在那裡做什麼？不是看書，也不像在思考，只是茫然呆坐。我突然想到，他會不會是在等待能和他說話的人來？隱隱覺得他問我是否會說英語時的語氣不是驚訝，而是找到說話對象的喜悅。回想起來，也或許有著不想錯過和我說話的迫切感。的確，他可以不需要電視和新書，但他還是需要人的。

那時，我發現自己說的是「他還是」。沒錯，他還是……。

## 5

從米斯特拉回到斯巴達，午飯沒吃我就趕往的黎波里（Tripoli）。

我看車子不怎麼擠，因此沒有對號入座，逕自坐到最後一排。我附近只有斜前方坐著一個肥胖高大的中年婦人。我心下竊喜，可以坐得輕鬆舒適。開車時一群穿著髒衣服的光腳母子上來，坐在婦人前兩排。

那母親抱著嬰兒，旁邊坐著四歲左右的女兒，六、七歲的男孩坐在走道另一邊的位子上，但他坐不住，渾身亂動。他那不像小孩的乾澀表情，看來也不像是人來瘋。

男孩旁若無人的舉動一直沒停。他在走道上亂闖，坐到空位子上翻觔斗，又在走道上閒晃。母親也沒特別叮嚀他，隨他喜歡。乘客不時投以不耐的視線，但他們無動於衷。

男孩晃膩了，坐到胖婦人前面，突然轉身伸出手來。婦人一邊小聲嘀咕，一邊掏出錢包拿個銅板給男孩。男孩也沒說謝，坐回母親身邊，給母親看看銅板後，像怕被沒收似的趕快放進自己褲袋裡。

男孩又坐回胖婦人前面，又伸出手。婦人這回「啪」地打他的手掌。男孩也不介意被打，又開始在走道上閒晃。

我看他那樣子，猜想他們可能就是吉普賽人。沒有固定居所，流浪歐洲各地。沒錯，這群母子就是吉普賽人。胖婦人會給他錢，就因為他們是吉普賽人。我對能親眼目睹過去只在書上看到的吉普賽人感到有點興奮。說到吉普賽，就聯想到西班牙，據說東歐也有不少。希臘和這些國家地理相連，即使是希臘鄉下，有吉普賽人也沒什麼好奇怪的。既然希臘有，那麼土耳其應該也有。

想到這裡，我在土耳其時幾個不得其解的問題這下有了答案。

記得在伊斯坦堡時，有天傍晚，坐巴士從舊市區到新市區，途中上來兩個少年。雖然光著滿是塵垢的腳丫子，還是老實地付了車錢，擠到我坐的最後一排旁。他們先坐在車門踏階上，不久出現一個空位，他們迅速搶到位子。坐在旁邊的年輕人露出受到干擾的表情，但他們兩個還是一起擠在那個空位上。

他們大聲交談，發出卑猥的笑聲。四周的大人都假裝沒有聽見，但沒多久，站在他們前面的中年男人厲聲斥責他們，他們不在乎地回嘴後，中年人真的捶打他們的頭，還把他們趕離座位。

但是他們也不以為忤，又坐在踏階上更大聲說話。一個手指著自己的胯下，另一個也指著自己的胯間發出猥褻的笑聲。我一看，那地方異常鼓脹。乘客中有覺得有趣而發笑的年輕人，也有以又輕蔑又羨慕眼光看著的放學小孩，大部分大人都露出受不了的表情。

不久，巴士駛過阿塔切克橋，他們像跳車似的下車。等到車門一關，他們便對著車上的人把手伸入胯間猛力掏出東西，原來是個酒瓶。他們高舉揮舞酒瓶，對車上的大人做出挑釁姿態。像是在說：「傻瓜！是這個啦！」

剛才捶打他們腦袋的中年人從車窗探出頭去，怒斥他們。

當時，我可以了解中年人揍他們是因為他們在公共場合說猥褻話語，卻不明白為什麼他們容許別人對他們暴力相向。

如果說因為他們是吉普賽人，我就明白了。即使在土耳其，吉普賽人也一樣受到歧視。那兩個少年的長相和氣質相當近似這車上的母子。

我在思索這些事情時，男孩已轉移陣地到我前面的座位。他像剛才對那胖婦人一樣，也向我伸出手。我想起在巴士站買了糖果，拿出紙袋拿了一顆放在他手上。他把糖果放進嘴裡後又伸出手掌，好像幫他妹妹要。我又給他一個，可是他沒給妹妹，又放進自己嘴裡。等他吃完兩顆糖後又伸出手來。

「No!」

我搖頭拒絕，他還是固執地伸著手。我於是也學胖婦人拍他的手掌，他像受到驚嚇似的縮回手。他窺伺我的態度一陣子，發現我沒有任何敵意後又伸出手。我又拍他的手。他卻高興地咯咯笑。他好像感到我和胖婦人打他的意思不同。他不嫌煩地一再出手，我也不嫌煩地一再拍他。

就這樣打打笑笑，成為這奔馳在希臘鄉下令人昏昏欲睡的巴士中唯一、但多少有些嫌煩的背景音樂。

不久，他們母子在的黎波里稍前沒有車站的地方要司機停車，讓他們下去。

我向窗外揮手，但男孩又恢復最先前的無表情，沒有揮手回應我。

## 古城奧林匹亞

在的黎波里吃過飯，坐上開往奧林匹亞的巴士。

車內客滿，我旁邊坐個希臘青年。他自稱是雅典大學的學生，車子一開動就主動找我說話。

我很意外他對現代日本知之甚詳，比我知道的現代希臘還多。他的知識廣泛，包括近代以後的日本概況，連明治維新是在一八七七年都知道。他在雅典大學專攻經濟，他問我在大學讀什麼，聽說我也讀經濟時，立刻連珠炮地向我發問。

「讀過馬克思嗎？」

讀過一些早期著作。

「《資本論》讀過嗎？」

上了一年選修課。

「你覺得如何？」

這個問題很難回答。我有點含混地說：「是一開始就知道兇手是誰的最高級推理小說。只是，如果不能接受這個前提，就無法踏入這個領域一步。」

這下激起他強烈的對抗意識，尖銳地問道：

「那你覺得熊彼得的資本主義論如何？」

熊彼得（Joseph Alois Schumpeter，一八八三—一九五〇，奧裔美籍經濟學家，提出用以解釋資本主義基本特徵的「創新理論」——譯注）的資本主義論？能不能饒了我、別談這個話題？我半不耐地含糊對應後，他卻開始引用瓊・魯濱遜（Joan Violet Robinson，一九〇三—一九八三，英國女經濟學家，為當時劍橋學派的領袖——譯注）、海耶克

（Friedrich Augustvon Hayek，一八八九—一九九二，奧裔英籍經濟學家，曾獲一九七四年諾貝爾經濟學獎——譯注）、繆爾達（Karl Gunnar Myrdal，一八九八—一九八七，瑞典經濟學家、政治家，為一九七四年諾貝爾經濟學獎得主——譯注）等人的學說滔滔不絕地展開理論。我未必不了解他的英語，只是覺得那是非常遙遠的世界。

談話告一段落，他又問我。

「為甚麼日本經濟能夠起飛（take-off），印度依然不能呢？」

經濟起飛這個概念確實是倡言近代化論的羅斯托（Walt Whitman Rostow）的得意理論，但此刻我腦中只浮現飛機起飛的影像。突然被問到為什麼日本能夠現代化成功，我也不知道該怎麼回答。或許，該從江戶時代的封建制度講起，日本人的資質和教育水準高是其一，日本的島國地理條件免於被殖民的命運也是因素。但我覺得這些都不過是原因之一。因此，我就簡單地表達我平常的想法。

「幸運。」

他像受到愚弄似的冷哼一聲，又說：「那日本為什麼又能從戰敗中迅速復興呢？」

我略作沉思後，還是回答說：「運氣！」

他不滿意這個答案，又換個角度問了許多，但我對日本這個國家時常走運的看法是再確定不過的了。

到最後，他竟然問我日本的藝妓在哪些地方？和她們同床共枕要什麼手續？甚至問到日本人做愛時是一對一嗎？

不停地講英語讓我筋疲力盡，也幾乎詞窮時，巴士總算抵達奧林匹亞。時針指著十一點。的確累了。

我和他話別，走向青年旅館。

翌日，吃完麵包、橘子、果醬和牛奶的早餐，我先去奧林匹亞的競技場。

奧林匹亞還留存凱旋門等多處神殿和宿舍遺跡，但我感興趣的還是古奧林匹克的競技場遺跡。

然而，從莊嚴的競技場拱型石門進去，只剩一條起跑點已被石堆埋沒的細長跑道。據青年旅館提供的觀光指南，這條寬二十九公尺的跑道全長一百九十二公尺，稱之為stadium，也是大型室外運動場的語源。

跑道兩側是斜坡，開滿黃色和粉紅色的小花。這裡曾經擠上四萬觀眾。

我站在起跑點，眺望這大型運動場，來了一對像是美國人的年輕白人情侶，男的開始作熱身運動。大概對腳下頗有自信，想回國後向人誇耀曾經到過奧林匹克運動場而準備跑一趟吧！我冷眼旁觀他的熱身運動，他突然對我說：「要一起跑嗎？」

好像自己一個人跑不過癮。我本想拒絕，但不願被他看扁我是逃避挑戰的人，於是回答說好、跑吧！我接受挑戰，站起身來。我現在雖然這副德性，但中學時是跳遠和短跑選手。

他的女朋友自然充當裁判，發出「Go！」信號時，我們一起竄出起跑點。超過一百公尺時，我便發現自己輕忽了這項比賽，包括這一個stadium的距離和年輕對手的實力。

起初我輕鬆地跑，輕鬆地領先，但是一百公尺後開始感覺吃力。距離終點感覺意外的長，腳步交替遲鈍，最後幾乎淪為和走路一樣的速度。結果，他在終點前趕上我，一口氣衝刺到終點。慢個幾秒鐘跑到終點的我就直接撲倒在草地上。

真沒想到自己無法全力跑完不到兩百公尺的距離。而且，也沒有一定要贏的企圖心。我仰望天空。不是神經過敏，我的體力真的衰退了。

那時，我突然領悟到，改變的不是場所，而是我本身。來到希臘以後總覺得有什麼不同，我一直以為是地方改變的關係，其實，變的或許是我自己……。

下午，離開奧林匹亞前往亞格里斯（Argolis，希臘邁錫尼時代曾盛及一時的城市——譯注）。

抵達亞格里斯，下車閒逛找餐廳吃遲來的午餐時，在路邊咖啡館喝著希臘咖啡的男人叫住我。

「My friend!」

於是，自稱曾做過船員也去過日本的他，請我同桌共飲咖啡。

我喝著咖啡，有著似曾相識的奇妙感覺。我在雅典和皮雷烏斯港時都碰過曾經做過船員的人。他們一樣請我喝咖啡或茴香烈酒。不過，我現在的「似曾相識」感覺是近似「這種情景以前見過」。這種狀況曾經在某個地方遭遇過。這種經驗在某個地方曾經有過。這……。

或許，改變的不是地方，也不是我自己，而是旅行本身。不，地方和我都確實有了變化，但是旅行的變化更大。

如果旅行類似人生，那麼旅行也有旅行的生涯。就像人的一生有幼年期、少年期、青年期、壯年期、老年期一般，漫長的旅行也會有類似的變化階段。我的旅行生涯大概正要結束青年期。什麼事物都覺得新鮮、任何小事都會感動的時期已經過去。代之而來的是，只有一路上走過的地方記憶變得鮮明。人們說，當人年紀大了會不停地想起從前。沒錯，我在旅行希臘時確實不停地想起過去經過的地方。一點蛛絲馬跡就會讓過去的記憶復甦，總覺得現今的遭遇曾在某個地方經歷過。

我不知道自己的旅行生涯正進入壯年期還是老年期？不論如何，這趟旅行即將結束。會以什麼方式結束呢？仍然是到倫敦發一封「本人成功矣！」的電報做結束嗎？還是以別種方式結束這連明天的路線都未決定的旅行？我必須自己發現那個時機嗎……。

這是我第一次想到如何結束這趟旅行。

## 6

清晨，在黑暗的房間裡醒來。一時不知自己身在何處，好半晌才想起是在帕特雷（Patra）的廉價旅館床上。

我雙手交叉枕在頭下，窗戶很小，幾乎照不進光線，我仰望陰暗的天花板，茫然地想著，接下來有什麼打算？

伯羅奔尼撒半島之旅即將結束。

這趟德里到倫敦之旅出發之際，我茫然預想的路線只到希臘。之後的行程完全沒想。去伯羅奔尼撒半島時，也決定回到雅典後再想以後的路程。可是昨天來到半島北邊的港都帕特雷，找到廉價旅館，安頓好行李再出來閒逛時，在廣場咖啡座上的一個男人叫住我。他以前也做過船員，到過日本。在希臘，簡直是隨便丟一顆石頭都會打到曾經去過日本的船員。他們會主動招呼我，顯然是對日本的印象不壞，但更重要的應該是想緬懷自己乘風破浪、遨遊四海的青春歲月。日本似乎就象徵著這些船員的青春時代。他們就像日本的年輕人不介意在咖啡廳打工般，上船去到遙遠的日本。

這人也不停談著日本經驗，但不知什麼話題勾起，說到帕特雷有開往義大利的船班。帕特雷每晚都有渡輪開往像隻長靴的義大利半島腳跟部位的港都布林迪西（Brindisi）。如果這消息當真，那麼我在省下回雅典的路程同時，也自動決定了下個目的地。我感覺這消息不像特拉比松那老人的胡說瞎掰，而是非常正確的資訊。

霎時，我覺得橫渡亞德里亞海（Adriatic Sea）到義大利這條路線具有莫大魅力。我曾顧慮荷包而不敢造訪愛琴海上的小島，這趟航海或有取代巡遊愛琴海的補償作用。

當時，我是興奮得想立刻搭上渡輪，但真正面臨要就此結束在希臘的旅程時，卻又猶疑這樣做究竟是對是錯？這樣結束希臘之旅、為伯羅奔尼撒之旅打上休止符，我心仍有不捨。

過去經過那麼多國家，並沒有一個我認為是絕對想去的地方。一路西行途中，常常是出於偶然而順路去到一些地方。但，只有伯羅奔尼撒半島不同。我真正想來這裡看看。希臘的鄉下，伯羅奔尼撒半島。這是我嚮往的地方。

我為什麼對伯羅奔尼撒半島有著強烈的憧憬呢？有個鮮明卻不足為外人道的理由。

小時候看過一本旅遊書。作者是拿到傅爾布萊特（Fullbright）獎學金赴美留學的年輕人，描述他在美國一年和花費半年時間經由歐洲返回日本的遊記。

那是父親買給我的第一本大人看的書。我不記得他為什麼買給我，只記得他當時在半失業狀態，仍然從自己不甚夠用的零用錢中拿出來幫我買這本書。

但是書買來以後，我因為參加田徑隊的集訓而暫時擱下沒讀，反倒是父親先看了，而且很快看完。之後，總是沉默寡言的父親難得顯露感情地說：「能夠像他一樣的話……」

我當時不知道他是希望他自己、還是他兒子能夠這樣。

我有空以後，也開始慢慢看，立刻迷上書中的世界。除了一直愛看的漫畫和武俠小說外，我不曾這麼入迷過。

但是看完以後有一點點失望。因為書中幾乎沒有提到副標「一天一美元環遊世界之旅」的具體方法。年少的我多麼希望他能詳細寫下如何一天只花一美元的旅遊生活建議和路線。

不過，在失望之外，仍有一種莫名的亢奮震撼了我，從那時起我就熱中於自助旅行了。我存下在寒假和春假打工賺的錢，等下一個長假來臨時便扛起背包去旅行。有好長一段時間，我都沒有發現這是看了那本遊記的影響。我正模仿書中所寫的旅行方法。直到高二春假我獨自周遊東北地方回來後，我才有所領悟。

那本書中，我最喜歡的是希臘那章。

作者在雅典的青年旅館獲得去鄉下旅行幾乎可以不花錢的資訊後，立刻搭巴士奔赴一座窮村。他一下巴士，先進咖啡館。因為希臘男人一整天都泡在咖啡館裡。好奇看著他的村人中，向他笑得最親切的一位走過來問：「從哪裡來的？」

「你猜我從哪裡來？」

曾學過古希臘語的他以蹩腳的現代希臘語回答，霎時，周圍一陣興奮的嘆息。

「這個客人懂希臘語！」

大家都圍在他四周，亂猜他是德國人、英國人，因為他們從沒看過外國人。

「我是日本人。」

他表明身分後又是一陣哄然。

「日本人，是日本人！」

立刻有人說自己的遠親去過日本。某個朋友有日本製的小型收音機。大家七嘴八舌，問題接二連三。你父親還健在嗎？做什麼的？有錢人嗎？你幾歲？結婚沒有？日本有驢子嗎……

他判斷問題攻勢告一段落後，閒閒地問：「這兒有旅館嗎？」

村人困擾地搖搖頭。其實沒有旅館是當然，他一開始就挑選了沒有旅館的村子。

「我好累！」

他像無所適從地說完，當場有四、五個人同時開口，「就到我家吧！」就等這句話的他，從中挑選一個穿著較好的跟他回家。貧窮的他們仍想把他們最好的東西給他。

書中的希臘鄉下就是伯羅奔尼撒半島，我因而知道伯羅奔尼撒半島這個地名，也想親自走訪一趟。如果去到伯羅奔尼撒半島，或許也有那樣幸運的際遇。只要去到伯羅奔尼撒半島……。

那是很久很久以前的事了。我不認為那種牧歌式的純樸村莊至今還在，多半已經不存。嚮往書中的世界而去，一定會失望。夢想之地就留在夢裡較好。我雖然這麼想，仍不時湧起或許……，或許伯羅奔尼撒半島的某個地方還存在著那樣的村莊。

我想去，又覺得不去較好。或許不該再想，但我又想親身經歷一下……。我終於打消這份搖擺，來到伯羅奔尼撒半島。

書中的世界確實已屬於傳說中的時代。我幾乎繞了一圈伯羅奔尼撒半島，夢想的事情一件也沒發生。再盤桓下去，或許只是一逕加深失望。就在這帕特雷結束希臘之旅吧！可是，我真的決心從這裡前往義大利嗎……

## 最後的禮物

想到這裡，我抽出枕在頭下的手臂看錶。上午八點剛過。昨晚問過旅館的櫃檯，往布林迪西的渡輪確實每晚九點開船。今晚若要上船，時間還很充裕。我想有效利用這在希臘、在伯羅奔尼撒半島的最後一天。我跳下床，把不用的東西扔進垃圾桶，收拾好旅行背包，暫時寄放在櫃檯。

走出旅館時才發現今天是星期天，往來人車都比昨天少。

我到廣場的咖啡館喝希臘咖啡，尋思如何打發這一天。想了半天還是想不出比逛街更好的計畫。於是我漫無目標地走著。

我登上背海的小坡，住宅區正中央有個半倒石牆圍繞的遺跡。這裡像是帕特雷的雅典衛城。它和雅典的衛城不同，不見一個觀光客。我從大門進入，沿著石牆爬到最高處，那裡不僅能俯瞰整個帕特雷，連港灣、岬角和遠處愛奧尼亞海（Ionian Sea）的水平線都盡收眼底。

我輕鬆愉快地走下衛城，又隨意漫行。

下坡途中轉進一條巷道。開窗外望的老婆婆、路上閒聊的男人、曬洗衣服的婦女、跳橡皮筋的小女孩都對我笑。我也笑臉相對，他們用希臘語隨便招呼兩句。我不知道是問問題還是調侃，至少他們都沒有惡意。因此我也一直重複唯一記得的希臘話。

「你好！」

走到轉角時，已和不下十個人打過招呼。

我走著走著，來到鎮郊。空地變多了，也可以看見田地。附近有個軍營，衛兵好像很閒。我經過時他招呼我，我也愉快地用日語回答。

「你好！」

隨著太陽漸高，感覺漸熱，走著走著，身上微微出汗。

彎過寬闊的馬路，走進旱田連綿的小路，迎面走來一個唇上蓄著鬍子的三十多歲男人，他身材矮小結實。我有些興奮，擦身而過時主動對他一笑，他也咧嘴一笑。

我心滿意足地往前走沒幾步，聽到背後有人叫我。回頭一看，剛才那人笑嘻嘻地問我，「You free?」他好像問我有沒有空？當然，我閒得很。

「Yes.」我說。

他笑著說：「You go my friend home?」

我沒應聲，他又說：「You go birthday party?」

好像是他朋友家有生日派對，請我一起去。

「I, godfather.」

你是教父？

「Yes, yes.」

但他不像黑手黨啊！

「Boy name, I, godfather.」

原來如此。他幫朋友的孩子命名，是那孩子的生日派對。

「I, happy, you go.」

因為難得，所以約我一起去慶祝。邀請只是路上擦身而過交換笑臉的我，他好像一點也不在意。我當然高興地跟他去。

折返我剛才經過的地方，原先沒注意到，右邊的田埂往裡走是一棟蓋得牢固的房子。他在門外叫門，幾乎和我同年的那家男主人出來。他們像是很熟，只輕輕握手寒暄就算。

鬍子男人說明帶我來的經過，男主人看著我笑笑，摟著我的肩膀領我進屋。不知鬍子男人究竟說了些什麼？我應該沒什麼值得說的。只是路上偶遇順便帶我來而已。或許他就這樣說明，男主人也欣然接納。

屋子裡面有他太太和兩個小孩，還有像是他父母的一對老夫妻。兩歲的男孩一頭燦爛金髮，女嬰在母親懷中。鬍子男人像是那個男孩的教父。

餐桌上有隻烤雞，此外就只是馬鈴薯和沙拉，非常儉樸。

我不請自來，那對老夫妻也毫不驚訝。看到鬍子男人時也沒有誇大歡迎，只是表示暖暖的關切。他們完全不懂英語，笑吟吟地看著我們用蹩腳英語交談。

玻璃杯裡斟入他們自家釀的葡萄酒。深色的葡萄酒汁含在口中有醇厚之感，我稱讚酒味香醇後，之前陪著笑臉的老先生起意帶我到藏酒的地下室去。

回來時，女主人烤的蛋糕已經上桌。

烤雞味美，馬鈴薯和沙拉可口。葡萄酒甘醇，蛋糕也好吃。他們如此款待不過是萍水相逢的我，真讓我無限感激。

那時，我發現他們沒有為這特別的日子照相留念。我主動要幫他們照相，眾人都很高興，在餐桌前排成一列。我定好自動計時器、把自己也一起拍進去。

紀念照拍完，女主人問我還有沒有底片，然後有點害羞地說能否幫她單獨照一張，因為這幾年都沒照過相。

「到外面照吧！」

她走到院子裡，站在葡萄架下，擺出最滿意的姿勢。

我幫她拍了三張不同姿勢的照片後，這下換男主人要獨照，結果每個人都要獨照。我聽著大家的愉快笑聲，心想幸好沒在伊斯坦堡賣掉照相機。

回到客廳，繼續喝咖啡聊天，鬍子男人和男主人談起快要來臨的選舉。小男孩覺得無聊，我向女主人要了厚紙，剪成小張，折個紙飛機給他。

他擲出去時發現紙飛機真的輕輕飄飛，覺得不可思議，一臉驚訝。我又折了一架噴射戰機，還有會翻觔斗的特技飛機。我用手勢一邊說明一邊折好放飛，男人起初只是斜眼瞄著我們的動靜，繼續政治話題，漸漸地按捺不住，也跟著剪紙做飛機起來。不知不覺中，一夥人從客廳移到院子開起紙飛機大會串。

玩著聊著，冬陽漸漸西斜，天色向晚。鬍子男人說該回去了，我跟著起身，他卻說我可以住下。

鬍子男人最能說英語，想到他不在時的麻煩，我還是一起走較好，但熬不過那一家人的熱情，還是住了下來。

那一夜，我們什麼也無法交談，但一點也不覺無聊，只要面對面一逕笑吟吟地就好。

關燈後，躺在他們為我準備的床上，怎麼也睡不著。不是床墊或枕頭不適應，而是無法排遣今夜或許是旅行之神給我的最後禮物的感傷情緒。

# 第十五章 絲與酒

## 寄自地中海的信

## 1

我，此刻，身在地中海。正如字面所述，我在地中海。那有如敲碎全世界的寶石，將那無數晶瑩璀璨碎片鋪在其上的壯麗地中海。

這艘名為海神號（Poseidon）的渡輪即將航入亞德里亞海域。太陽雖已西傾，陽光依然熾熱，我在甲板上寫這封信，紙上反射的陽光彷彿能穿透我的眼睛。我不時停筆，抬起視線避開反射的強光。海鳥翺翔船身四周。是來自遠處煙霧濛濛的阿爾巴尼亞（Albania）陸地，還是希臘？幾隻白鳥在空中交織翺翔。

### 航過地中海

昨天夜裡上船。結束在希臘的放浪，渡海前往義大利。帕特雷位在伯羅奔尼撒半島最北邊，雖然沒有雅典的外港皮雷烏斯熱鬧，但是闢有往科孚島（Corfu）和布林迪西的航線。我打算去那義大利靴子腳跟部位的布林迪西看看。

我傍晚時就到達港邊，那時渡輪已橫靠碼頭。雖然有個「海神號」這樣雄偉的名字，其實只是艘再平凡不過的渡輪。和保羅．蓋瑞柯（Paul Gallico，一八九七—一九七六，美國小說家。他的重要作品有《雪雁》、《海神號歷險記》等——譯注）小說中那乘風破浪暢快遨遊大海的海神號沒得比。

晚上九點才開船，我先寄放行李，轉到帕特雷的鬧區消磨時間。我想看希臘電影，遺憾的是沒有放映，只好看那部講黑道風雲的法國片。

渡輪準時九點開船。在這異地他鄉，無人為我送行，船還沒離開碼頭我就鑽進船底的三等艙鋪，準備睡覺。

艙房裡船客不多。這裡不像日本渡輪的二等艙那樣鋪著蓆子和毛毯，只有柔軟舒適的厚墊椅。雖然可以直接睡在上面，但一些看起來經常利用這條航線的希臘中年船客，都搬下幾個椅墊鋪在地板上當床睡。

躺在椅墊上，適度的溫度加上引擎的輕微震動，使得這個最低級的船艙比我過去睡過的任何廉價旅館都要舒適。對我來說，最舒服的莫過於能夠伸展四肢而睡。自從巴士之旅展開以來，我那總在廉價旅館的大通鋪分個床位、裹著睡袋而眠的身體，能夠四肢伸展地躺在這裡，算是非常舒適的睡眠了。

清晨，從爽快的睡眠中清醒。

洗過臉，拿了在帕特雷買的三明治到甲板。我該如何表達此時所受的衝擊呢？海天一色湛藍無比的世界。海面、天空和陸地都是藍色，但是那種藍又帶著種種不同的光彩。尤其是陸地上的群山，就像我小時候偏愛的水性蠟筆描畫出來的那種淡淡透明的藍，引起我心強烈的迴響。地中海的水蕩漾著比伊斯坦堡托普卡匹宮殿見到的祖母綠和翡翠還要美麗的濃豔色澤。

躺在甲板上隨意擺放的帆布椅上，我吃著三明治，茫然望著天空。許久沒有享受這樣悠然優雅的時刻了。對我那經歷數千、數萬公里巴士奔波的身體來說，這趟船旅無比奢華。

然而，在這艘船上，我此刻感受到的不是安詳，而是一股深深的失落感。有如身體被掏空般的空虛籠罩著我。讓我單純地聯想到，被掏空的我就像滾落在東京公寓裡的威士忌空瓶。本來裝滿了金黃色的液體，不知不覺中變成空空的透明玻璃瓶，沾滿灰塵滾落牆角。我也變成了失去最後一滴酒液的空瓶子嗎？

在這太過明亮的陽光中，我有一種全身肉塊骨片都溶解同時、某個重要的東西也流出體外的失落感。失去了。我不知道是什麼，只覺得像是金黃色酒液的精魄之類的東西……。

我很清楚，縱使空瓶裡再重新裝滿金黃色的液體，也無法抹煞那層失落感，但在這艘船上，我想不出其他可做的事情，只有喝酒。昨晚上船時注意到販賣部有賣一瓶不到一千圓的百齡罈（Ballantine）。這條航線無疑是條國際航線，販賣部雖小，但免稅商店還是免稅商店。

我買了一瓶，開始我個人的孤獨酒宴。我坐在甲板上，背靠著躺椅，打開百齡罈的王冠。真是許久未曾沾口的好酒。因為沒有杯子，我以瓶就口豪爽地灌酒，這陣子已經習慣希臘那樸素酒味的喉嚨霎時像著火燃燒。我有點嗆到，伴隨著有如利刃切割喉嚨的刺激感，酒精暢快地直墜胃囊。

不想辜負海上風光的人各自盤據甲板一角吃著自備的早餐。我眺望四周，想起在帕特雷買了榛果和葡萄乾，正好用來下酒。我到船艙從背包裡拿出紙包，再回到甲板上。

但是原先的位子被一個亞麻色頭髮的年輕女孩占據，我很喜歡那個位子，但我又不能跟她說那是我的位子，請她還給我，只好靠在旁邊的躺椅繼續喝酒。

女孩穿著無袖的運動衫，雖然陽光很大，畢竟是秋冬之際的海上，如果她不覺得冷，應該是美國人。但是她面前的東西只有葡萄酒、麵包和橘子。這樣的早餐對美國人來說太過簡陋。她究竟是哪國人呢。看起來也像經歷過長旅，但絲毫不顯疲憊頹廢之態。我恍惚地望著她那在女人中顯得太過銳利精悍的側面。

太陽越來越高，百齡罈瓶中的分量漸減。隨著酒液減少，我灌酒時瓶子必須越仰越高。每一次酒精燒過喉嚨同時，太陽也灼痛我的眼睛。我的身體已經和醉意玩起捉迷藏的遊戲。

「那個可以給我嗎？」

那女孩突然對我說，聲音像被鹽水泡過般嘶啞。我眼神朦朧地望著話聲方向，她指著我放在紙上的一堆榛果。她沒有討好的笑容，而是帶著小女孩想要東西時的固執表情伸出食指。因為我有些醉意，不覺得那態度有什麼冒失。

她已經吃完麵包。橘子也吃完了，長長伸出的腿邊放著祖母綠色的葡萄酒瓶。我想她是要一點榛果下酒，西方人有喝酒配零食的習慣，但我又覺得她會不會是要喝威士忌吧？

我抓著瓶口問她：「這個嗎？」她搖搖頭，又指著榛果。我把包裝紙撕下一塊，包了些榛果丟給她，還叮嚀著「別灑出來了！」她嚇一跳，趕忙兩手接住。我甚至不知道她說了謝謝沒有，再度和體內的醉意玩捉迷藏的遊戲。

不知過了多久。威士忌只剩四分之一了。我在明亮的陽光下醺然穿梭在夢境與現實之間。

在夢中，不知怎的，我拚命告訴她我一路走來的歷程。

香港、澳門、曼谷、春蓬、宋卡、檳城、吉隆坡、麻六甲、新加坡、加爾各答、迦耶、菩提迦耶、拉克索、加德滿都、帕特那、瓦拉納西、卡朱拉霍、德里、孟買、阿格拉、阿姆利則、拉合爾、拉瓦平第、塔席拉、白夏瓦、喀布爾、坎達哈、赫拉特、設拉子、伊斯法罕、艾茲倫、特拉比松、安卡拉、伊斯坦堡、帖薩羅尼基、雅典、邁錫尼、奧林匹亞、斯巴達，還有帕特雷……。

「好長的旅程啊！」她驚訝地說。

「啊！足足說了三分鐘。」我自嘲地說。

「像絲一樣。」

我一下子無法明白她話中的意思，問她為什麼？

「絲不就是從東到西跋涉那麼長的一段路嘛！」

的確，我循著和絲一樣的路途，從東方來到這海上。

## 絲路之旅

猛然睜眼，眼前一切無異，她兀自喝著葡萄酒。剛才是在夢中和她對話嗎？如果是夢，一切又是那麼鮮明，silk的美妙英語發音還在我腦中悠揚。

是絲路嗎？我含著威士忌，頭一次發現我一逕往西的路途竟和「絲路之旅」的觀光路線重疊。我根本不知道絲路始於何處，終於何處？如果要這樣稱呼我走過的路徑，我倒是可以接受。

對我來說，絲路只是一條由東往西的單純通路而已。

城市、會館、寺廟、博物館、遺跡、廢墟。人們認為絲路上必看的所有地方都與我無緣。不是完全不看，而是有看有不看。是否順路去看，全看當時的荷包情況和心情。因為不是無論如何一定要看的東西，許多看過的東西隔天就幾乎忘光。我對絲路沒有歷史認識，也沒有風土憧憬。我不過是個要從東方前往西方的過路人。就像斯里蘭卡出國賺錢的人一樣，坐上開往伊斯坦堡的巴士。對他們來說，絲路也只是前往西方的一條通路而已。

而這單純只是通路的絲路，也是滿布艱險的一條路。我不是指有搶匪出沒，雖然確實有人不幸遇上過。我曾聽說，兩個駕著馬車行經泛亞公路的美國人在國境附近被殺，還有一對露宿野外的歐洲情侶遇襲。但我此刻所謂的危險，意義稍有不同。

我在漫長旅途中偶然邂逅的年輕旅人，幾乎毫無例外的都渾身滲出濃濃的疲勞感。這些人因為長處異鄉，體內深處不知不覺累積了疲勞。疲勞磨損了他們的好奇心，對外界毫不關心，甚至連原來的旅行目的也蕩然無存，只剩下從一個城鎮移動到另一個城鎮的機械式反應。每次看到他們，我總覺得他們身上潛藏著一種危險，那就是再快樂開朗活力充沛的人，有一天也可能躺在廉價旅館的床上再也爬不起來。他們多半已超過二十歲，但已陷入保羅．尼詹（Paul Nizan）說的「一步踏錯，萬劫不復」的狀態。

西行途中遇到的每一個年輕旅人都潛藏著這層危險，尤其是孤獨旅者，這種危險更是明顯。旅行持續超過一年的人更是。但另一方面，沒有這種危險的旅行又算什麼呢？

日本關於絲路之旅的記述大部分是甜美安詳的絲路讚歌。即使談到肉體上的痛苦和物質上的困難，也絕不會提到那「踏錯一步」就全盤崩潰的危機經驗。

我記得曾經看過這樣的文章：

「像我這樣的小說家會被沙漠國家的歷史風土吸引，不外是那些未知的黑暗部分，不時有如異樣的七色虹彩閃過我的腦海。」

另一個作家也這樣寫過：

「橫跨在亞洲和歐洲之間的這片遼闊神秘土地，不停地煽動我的好奇心。來吧！我的浪漫情懷命令我。」

每一個人都把絲路本身當作憧憬的對象，留下愉快的遊記。我在日本看這些遊記時，也獲得充分的愉悅。

但是，此刻的我總覺得有些不同。

對我途中遇到的年輕人來說，絲路只是由西向東、或由東往西的單純通路而已。有時，他們看似置身在隨時會崩潰的危險中仍持續朝聖求道之旅的修行僧人。他們、可能還包括我自己，或許是頹廢中帶著斯多噶主義（Stoicism）的絲路行者。但也只有他們是把絲路當作一條「路」、精神抖擻走在其上的人。

毀滅的隨它毀滅去吧！今天，讓絲路甦醒呼吸的，不是學者、作家等等那些成熟的大人，而是單純以路為路、毫無歷史風土知識的他們。如果他們在那路上有想看的事物，應該不是佛塔或清真寺，而是他們自己。有些人還沒看到那個自己、就在往來途中趨於崩潰。在加德滿都吸毒過量吐血而死的年輕人，和這些人之間沒有甚麼差異。這些人即使沒死，也不過是和死亡的緣分淺淡罷了。

但我又想，這其中還是有所差異。因為，我終究無法徹底耽溺於自身。至少，在我西行的旅途中，我執著地尋覓不一樣的人，或許就是為了撐住快要崩潰的自己而保持身心的平衡。此刻，終究沒踏錯那一步的我，正在地中海上寫著這封信。

無以彌補的時刻已經過去的痛切感受掠過心口。我不允許自己再過這樣號稱追尋自我、其實放浪形骸的日子。

想到這裡，我彷彿看清了讓我感到空虛不安的失落感真貌。那就是「已經結束了」。已經結束了。即使眼前要抵達在歐洲大陸對岸的島國，還剩下和過去一樣漫長的行程，我也不會再有和過去一樣的旅行感受了。已經失去了。我終於失去了擁有「追尋自我同時減耗自我存在」的至福時刻的機會。

我變得格外感傷。

仰望天空，海鳥一直追逐船身翱翔。雪白的羽毛緩緩擺動，總是環繞船身不去。有的低飛掠過海面，有的糾纏桅杆，乘著微風畫出柔和的曲線而飛。

我視線追隨其中一隻，突然一陣暈眩。不是高掛的太陽光線竄入眼中，而是海鳥太過輕盈的飛翔姿態衝擊我心。我不知道為什麼，閉著眼睛，用力搖了兩三次頭。

結束了，我心想。這時，瓶中僅剩的一點金黃色液體突然變成討厭的東西。這種東西喝再多也消除不了那份空虛。我明知如此而喝它，卻怪罪這液體犯了不可原諒的背信之罪。我抓起瓶子走近船邊。海面飛沫四濺。船軸切開藍色大海，留下白雪似的泡沫。我把金黃色液體倒入泡沫滾滾的海水裡。

飛光飛光
一杯酒

二十七歲便毀了自己的唐代詩人李賀不是如此歌詠嗎？飛光啊飛光，敬你一杯酒啊！此刻，我或許也有向過去的時光敬酒之意。

「不舒服嗎？」

背後有女孩的聲音。我愕然回頭，是剛才那個女孩。她看我探身船舷之外，以為我在嘔吐。

「沒有。」我說：「只是敬酒。」

我並非沒有意識到自己說了蠢話。她應該不會了解。但她也沒有顯露訝異的表情，只是默默地點頭。我想說的話已經正確無誤地傳達給她，我這麼相信。那時我也想，剛才和她的對話可能不是是作夢吧！

微風舒服地拂過醉醺醺的身體。

「Breeze is nice!」

這是在尼泊爾往印度的擁擠火車上認識的英國青年說的話。我覺得這句話很美，西行途中總是在舌尖上打滾。如今在地中海上又脫口而出。這一瞬間，她像享受微風般閉上眼睛，然後說：「Yes, nice!」

黑運動衫袖口露出的肩膀上寒毛微微飄動。看到那金黃色的光彩時，我發現自己對她一無所知……。

僅此而已。

上午，曾經閃耀著那麼美麗之藍的阿爾巴尼亞山脈，露出陽光曝曬下的褐黃地面。不久，當太陽落下，阿爾巴尼亞山脈呈現淡紫色彩時，我應該已到義大利了。

# 第十六章 羅馬假期

南歐（一）

# 1

在布林迪西住過兩晚，終於要啟程前往羅馬之時，我遇上這趟旅程的最大麻煩。不是旅費被偷，也不是捲入重大交通事故，而是找不到開往羅馬的巴士。

我以為到了義大利，巴士之旅會比過去更加輕鬆。我以為義大利的巴士乾淨、座位寬敞、公路也整建完善，一切都會順利運行無誤。因為這麼認定，因此直到出發前都懶於蒐集開往羅馬的巴士資訊。直到今早詢問旅館的櫃檯後，才知道我的想法太天真。

「沒有直達羅馬的巴士。」

旅館人員大概不知道有長途巴士這玩意兒，說得乾脆直接。

「可是……」

我正要說話時，他又說：「要去羅馬，坐火車就行了！」

我知道，可是我一定要坐巴士。我試著解釋，他仍斬釘截鐵地說：「坐巴士到不了羅馬！」

我困惑之餘，只好請教他旅遊服務中心的辦公室地點，親自去打聽。

可是服務中心的男職員也不了解我的意思，反問我：「你要去哪裡？」

「羅馬。」

「坐火車去就好了。」

「我想坐巴士去。」

「去哪裡？」

「羅馬啊！」

這時，他露出「你腦筋有問題啊！」的表情說：「沒有往羅馬的巴士。」

我知道沒有直達羅馬的巴士，但我可以轉車去羅馬。我問他是否有開往羅馬途中的市鎮的巴士？

「沒有。」

我想應該不可能，但當地的旅遊服務中心這麼說，我也不好堅持。我閉嘴不語後，他像安慰腦筋脫線的人似的對我說：「坐火車去吧！」

簡直，義大利所有旅行相關業者都是國家鐵路局的間諜般。我斷然拒絕他表露親切的建議。不，那不是「表露親切的建議」，而是「親切的建議」，但卻是讓我更加困惑的建議。

「那有什麼巴士？」我換個角度問。

「沒有巴士。」他說。

那奔馳在大街小巷的是什麼？我這麼說後，他冷笑一聲，「那是市公車。」

「只行駛市區？」

「對。」

「其中開到最遠的是哪一線？」

我還不肯認輸，他好像突然覺得麻煩似的，在紙上寫了「AMET」，叫我去這地方詢問。我問他這是什麼？他說是連接布林迪西和巴里（Bari）的巴士。我打開地圖查看，巴里是距離布林迪西約一百公里的城市。拜託！這不就是我要打聽的巴士嗎？我努力壓抑聲調問：「時間？」

「就在火車站旁邊，你到那裡打聽吧！」

我也放棄再問他，轉往火車站。

但在火車站周邊東找西找，就是沒看到巴士起站。我以為找的方法不對，把那張紙條給路過的一個中年人看，問他在哪裡，他笑嘻嘻地說「那邊」。我謝過他走到那邊，怎麼看也沒有。又問一個路過的年輕人，他指著「那邊」。可是我往那方向走去，還是沒有看到。這回找一個看起來比較老實可靠的初老男性問路，他卻說「這裡」。真的是這裡嗎？可是沒有巴士站啊！總之，每個人都是隨便回答。不知道就說不知道嘛！隨便敷衍一句，害我浪費許多腳力。

我找累了，又回到火車站附近。覺得口渴，在車站商店買冰淇淋時，隨口問一下女店員，巴士站竟然就在店前。但不是起站，只是一個招呼站。我根據過去的經驗，以為長程巴士都是從起站開出，沒想到這裡只是招呼站。這些信口開河的義大利渾球！我心中暗罵，或許他們也不是隨便亂說，只是告訴我他所知道的車站位置，是我自己看不到罷了。

義大利式的「隨便」並不只此。我問女店員巴士的出發時刻，她在紙上寫了「10 1/2」。很奇怪的說法，好像是十點三十分。可是，十點半過了，巴士沒來。我再問時她說是十點四十五分。過了以後又說是十一點，接著改口十一點十五分。巴士實際開來時已過了十一點半。

## 愉快的生活巴士之旅

右望亞德里亞海、左瞧到希臘以後已經非常熟悉的橄欖園，巴士不久抵達巴里。但是抵達巴里以後，困難依舊繼續，或許還更多。我的地圖上，巴里之後的城鎮是佛吉亞（Foggia），但是每個人都說沒有去佛吉亞的巴士。要去佛吉亞就得坐火車，只要兩個小時。巴里市民也都像義大利國家鐵路局的探子般固執地要我坐火車。我不理會他們，努力打聽巴士路線，結果知道，要坐巴士去佛吉亞，必需先到摩菲塔，經過巴雷特再轉到佛吉亞。我不顧眾人的勸阻，不辭顛簸地坐上那左拐右繞的巴士路線去佛吉亞。

但在這從巴里到摩菲塔、從摩菲塔到托勒尼、從托勒尼到巴雷特、再從巴雷特到佛吉亞的一路轉乘中，我感覺許久沒經歷這樣快樂的巴士之旅了。

那是因為我坐的巴士都是地方生活巴士。和一開車便直奔目的地的長途巴士不同，這種生活巴士毫不厭煩地每站都停，義大利風貌氣質的中年男女上上下下。下午四點以後，加上放學的學生，再隔不久，下班回家的人變多了，果然充滿了生活的趣味。

從托勒尼到巴雷特途中，上來十個左右的女工。才十多歲的年紀吧！坐在我前面，一邊聊天一邊瞄我，不久像是壓抑不住好奇心，趁我對她們笑時問我話。可惜說的是義大利話，我聽不懂。

我說「No Italiano」後，一個女孩帶著義大利腔的英語問：「你從哪裡來？」

「日本。」

大家好像都聽懂，齊聲說：「日本人？」

「是，日本人。」我說。

另一個問：「Your year?」

大概是問我年紀吧！我回答以後，又一個冒失地問：「結婚？」

沒有，我回答後，又有人問：「旅行嗎？」

「對。」

「多久了？」

「一年了。」

我說完後，她們哇聲四起，年輕車掌和其他乘客好像也在聽我們的對話。

「我的夢想是出國。」

會說英語的少女說。連對義大利這樣和其他國家陸地相連的國家少女來說，出國仍是夢想，這點令我印象深刻。

接著，頭髮又黑又長的少女用義大利話不停地發問，透過懂英語的少女翻譯後，好像是問我今天要去哪裡？

「到能去的地方。」

聽了我的回答，黑髮少女說今天住在巴雷特好嗎？如果沒有旅館，可以住在我家……。她的話讓我高興，覺得住在這無名小鎮一晚也不壞。

到了終點巴雷特，我和她們一起下車，問說這附近有沒有便宜的旅館，答說當然有。會說英語的少女和黑髮少女要帶我去。

這時，在車上一直聽我們交談的車掌走下車來，說「要去旅館的話我帶你去」。少女和車掌交換三言兩語後，乾脆地說聲「Ciao」便揮手而去，她們那份乾脆令我傻眼。我對沒有她們的巴雷特毫無興趣。我並沒有厚臉皮到想住到她家裡，但至少期待能和她們之中的一個一起去看電影。我設法擺脫要帶我去旅館的車掌，奔進站前的一個小酒館。

義大利的酒館雖然寫著「ＢＡＲ」，其實是介於酒館和咖啡館之間的餐飲店。一個十歲上下的男孩在看店，看到我便眨眼笑笑，說了些話。我聽不懂，他大概目睹剛才事情的經過，說了像是遺憾之類的話。雖然非常突兀，但他的笑臉可親。

我站在櫃檯前，他問：「卡布奇諾？」

我點頭，他立刻泡給我。雖然只是在咖啡裡注入發泡牛奶，但義大利本家的卡布奇諾果然香醇。

我問他的名字，叫安傑洛。雖然和少女的約會失敗，但安傑洛的卡布奇諾讓巴雷特這個鎮名留在我的記憶裡。

巴雷特往佛吉亞的巴士開車時天已全黑。車內的燈光漸增亮度。乘客稀疏，包括我才坐了五組。最前面是一對年輕男女和一個中年人，我坐在最後一排，中間坐了兩對親子。一對是三十多歲的爸爸和小兒子，另一對是三十多歲的女人和女兒。

這兩對親子隔著走道分坐左右兩側。起初我以為他們是一家人，夫妻帶著一對兒女，但很快就發現他們彼此沒關係。因為女兒只跟母親講話，兒子只跟父親交談。不僅如此，女孩伸著脖子窺看男孩的樣子顯露出他們不是兄妹。不過是偶然父親帶兒子、母親帶女兒的兩家人隔著通道並坐一排而已。

那男孩子意識到我的存在，不停地看我。視線一和我相接時就慌忙躲到椅背下。不久，他終於下定決心，離開座位靠近我。他父親低聲斥止他，但我搖搖頭表示無妨後，他父親便不再管他。

男孩發現我繫在旅行背包上、每當車子搖晃時就發出可愛聲音的銀色鈴鐺。

「可以摸。」我說。

他立刻伸手去摸鈴鐺，發出嶔鈴鈴的聲音。女孩看到，也靠過來。兩人一起摸著鈴鐺。

嶔鈴鈴、嶔鈴鈴，奔馳義大利鄉間幽暗道路的巴士上，日本製的小鈴鐺聲音清脆地不停響著。

我和他們周旋時，他們的父母都轉過頭來露出抱歉的微笑。接著，男孩的父親向女孩的母親說，小孩子就是好奇！我是聽不懂義大利話，但這是這種情況下父母間極普遍的對話。女孩母親輕聲回應後，兩人開始聊起來。沒多久，男孩父親移到女孩母親旁邊的位子，談話夾著爽朗笑聲。

巴士抵達佛吉亞，他們各自幫孩子穿上外套。女孩母親也穿上外套，那時我不經意地看到男孩父親幫她穿上。

下車後，他們向我道謝話別。

「再見！」

我用我僅知的義大利語和他們道別，他們四個齊聲說：「再見！」

然後，這兩個家族就像原本是一家人般一起離開。男孩和女孩嬉笑打鬧，他們的父母各提著旅行袋並肩走著。或許他們會一起去吃個飯吧！或許只是單純的目的地在同個方向……。

看不到他們的身影後，我才回過神來。接下來該怎麼辦？已經來到佛吉亞，但不知道去哪裡坐下一段路程的巴士。天色已經漆黑。我有點不知所措，把背包放在路上，環視四周，正好兩個少年經過。

「怎麼了？」生硬的英語。

我說想搭巴士去羅馬，他們露出覺得奇怪的表情，但彼此商量一下後帶我離開。

「日本人？」

「對。」

「Masutatsu?」

他們好像問我認不認識叫做「倍達」的日本人。很遺憾，我不認識。我這麼回答後，他們表情很意外。這情形過去也有。我在德黑蘭時也常遇到一些人，認為只要是日本人就都應該認識他所知道的日本人。

「Masutatsu，不認識？」

「不認識。」

「Karate（空手道），知不知道？」

我想說知道，但趕忙嚥回這話。在泰國時我就糊裡糊塗地說知道柔道，結果差點要和未來的泰國拳高手比個高下。其實正確的回答應該是知道、但沒打過。這時，之前一直沉默的少年問：「Kuokushin，知道嗎？」

「Kyokushin?」

「Yes, kyokushin.」

Kyokushin、kyokushin……，對啦，是極真吧！

「哦！極真派！」

我誇張地說完，他們興奮地說，「對！極真派。」

他們又問我認不認識極真空手道的創辦人大山倍達。

「極真空手道？」

「Yes!」

「大山倍達？」

「Yes!」

我問，你們怎麼知道大山倍達的？他們站住，拉開手上的運動袋拉鍊，裡面是空手道的道服和帶子。他們在這鎮上學極真空手道。

「你們上極真的課嗎？」

「Yes.」

他們興奮地說著極真空手道有多厲害，段數高的越能劈更多的磚片，能踢破多厚的木板。大山倍達甚至一掌就擊倒牛隻。

佛吉亞不是羅馬和米蘭那樣的大都會，而是昨天以前我還不知道名字的小鎮，竟然有這樣崇拜日本格鬥技的信徒。這比在邊境荒地看到SEIKO（精工表）和PANASONIC（國際牌）的廣告還要令我感動。

不久走到火車站。我想附近應該有巴士站，他們先帶我進火車站，指著一個窗口。說要去羅馬的話可以在這裡買火車票。顯然我們的意思沒有完全溝通，我有些失望，說我不要坐火車，想坐巴士。要他們理解非常辛苦，但總算讓他們明白了。

站務員聽了我們的敘述後，只是一個勁兒的搖頭說沒有道理。那樣子像說不可能坐巴士去羅馬。我說有到鄰鎮的巴士也可以，到時再轉車。少年熱心地和站務員溝通，一會兒笑著說：「ＯＫ。」

但是他們帶我去的地方不是巴士站，而是旅館。說今天先住這裡，明天再搭巴士。

我雖想盡快接近羅馬，但也不好辜負他們的好意。今夜就住在這裡吧！我用力點頭，「謝謝！」他們鬆一口氣似的笑了。

## 2

抵達羅馬是在翌日深夜。

從佛吉亞沿亞德里亞海到佩斯卡拉（Pescara），等於以橫斷義大利半島的方式進入羅馬。尋找巴士的苦差事依舊不變，但比前些天從容也有趣些。

在帕特雷航往布林迪西的船上，我悲觀地以為這趟旅行就此結束了，但沒隔幾天，又遇上恐怕再也不會這樣愉快的巴士之旅了。我情緒變換之輕率，連義大利人都會訝異。

抵達羅馬後我先到火車總站（Stazione Termini），聽說附近有廉價旅館。

從下車的共和廣場（Piazza della Repubblica）朝路人告知的方向走去。

雖然已是深夜，但街上奔馳的車燈和設計美觀的街燈照射下，遺跡、紀念碑和建築交錯的羅馬街景清晰可見。有個美麗的圓環，中央有個噴泉。左右結構對稱牢固的教堂旁邊露出讓人聯想到古羅馬時代的舊牆。石造的古老建築窗戶裡露出讓人想像窗簾後面一家團圓之樂的柔和燈光。但是走在其間的我，卻感覺這一切有如電影中的布景般毫無現實感。

我和許多羅馬人擦身而過。男女個子都不高，但都打扮得時髦漂亮，尤其是女性，穿著很有個性。例如今年流行的苔綠色長外套，配上令人傻眼的色澤圍巾；又如皺巴巴牛仔褲和靴子，卻搭配著男生穿的粗毛線衣和精緻帽子。

如果這真的是電影佈景，那麼我在這裡扮演什麼角色呢？單純的路人甲、路人乙？還是分量不重卻適合我的角色……。

問過好幾家旅館，大致掌握羅馬的廉價旅館行情後，我打算住在一晚兩千里拉、約一千日圓的地方。

我走著走著，看到一棟並掛兩個「Pensione（膳宿公寓）」招牌的老建築。進入石造拱門，左右都是樓梯，上面各有一家旅館。

我拿出一枚義大利硬幣，右手握著蓋在左手背上。如果是正面就進右邊這家，反面則左。結果是反面，但我沒走左邊，仍然走上右邊的樓梯。其實我原就打算不管結果如何，都要進右邊這家。

走上二樓，摁了門鈴，臉龐瘦削的老女人開門。我看到她，心想要是照硬幣指示的方向走左邊就好了！我問住一晚的價錢。

「三千里拉。」她說。

「附衛浴設備？」

「沒有。」

「太貴了！」

她輕描淡寫地說：「很便宜啦，附洗臉台啊！」

的確，比起其他地方不算貴。沒有衛浴設備的房間一晚三千五百、四千里拉是行情。但是我的預算是兩千里拉。我不能隨聲附和。

「現在是觀光淡季吧！」

「愛說笑，羅馬暖和得很，觀光客滿滿是，到處都客滿。」

但是這家旅館的空房間好像還很多。牆壁的板子打上從二十一到二十六、三十一到三十六的號碼，L字型的木勾上掛著鑰匙。只有五個沒掛鑰匙。鑰匙在這裡的其他七個房間中或許有人外出，但即使如此，距離客滿還差得遠。我篤定有講價的餘地。接下來的三十分鐘，夾雜英、日和義大利三國語言的交涉結果，以兩千里拉成交。

檢查完護照、遞給我鑰匙時，女老闆喋喋不休地說：「省點用水！不要浪費電！離開房間時一定要關燈，因為義大利的電費很貴。」

我的二十四號房間又小又髒。平常我會要求先看房間再決定，這回因為專心討價還價，失去了確認房間的機會。唯一優點的是天花板很高。

的確有個洗臉台，旁邊有個便盆。這不是有衛浴設備嗎？但我很快就注意到這是誤解。便盆不能坐。我不禁抱怨，既然裝上這種東西，乾脆換成現代的抽水馬桶不就好了。

## 羅馬假期

翌日，我一早就漫步羅馬街頭。

我走出旅館，在火車總站前的巴士站要了一份簡略的路線圖，但沒坐巴士也沒目的地隨便亂逛。

我走向昨晚下車的共和廣場。繞過大圓環繼續前行，是一個緩緩的下坡路。寬廣大街的兩側高級服飾店和航空公司的招牌醒目。

坡路盡頭是好幾條馬路匯集的廣場。有地下鐵站，入口處寫著巴貝里尼（Barberini）。廣場的噴泉是半人半魚的海神拿著海螺向天空噴出水柱。向右轉過幾條窄街，賣小東西和飾品的商店櫛比鱗次。再往前走，來到飯店和教堂聚集的一角，突然眼前一亮，因為這裡地勢位在高處，陽台上可以俯瞰羅馬街景。

教堂前有條連接下面廣場的階梯。雖然是冬天的早上，但階梯上坐著好幾堆嬉皮模樣的年輕人。我穿過他們身邊下樓後回頭仰望，覺得那階梯的樣子似曾相識。我找尋附近的標誌，原來這裡就是西班牙廣場（Piazza de Spagna）。沒錯，那果然是西班牙台階（Scalinata della Trinita dei Monti）。

我小時候特別喜歡電影《羅馬假期》。那時我非常迷戀奧黛麗赫本飾演的安妮公主。訪問羅馬時午夜偷偷溜出飯店的公主，邂逅了葛雷哥萊畢克飾演的記者，住進他的公寓，借了些錢上街蹓躂。她一咬牙把長髮剪短後，到的地方就是西班牙台階。她在這裡舔著冰淇淋的幸福模樣不只是電影《羅馬假期》極具象徵的一幕，也是一個女演員演藝生涯顛峰的一幕，令我印象深刻。

電影裡的西班牙台階看起來更寬、更熱鬧。此刻顯得較冷清狹窄，或許因為沒有花攤也沒有冰淇淋攤，或許因為是早晨，也或許是冬天這個季節理由。

我橫過廣場前，走進廣場正面延伸的窄街。兩旁商家林立。有餐廳，但多半是販賣服飾、貴金屬和皮革的高級商店。我看著店名，都是連對名牌不甚熟悉的我也知道的名店。看到許多高級之上還加上「超」字眼的店，知道這裡是羅馬最繁華的街道。

不久，走到汽車往來頻繁的大馬路。我穿過馬路，直直前行，看到一座宮殿式建築，牆上的標誌寫著博蓋塞（Borghese，十三世紀錫耶納的一大家族，後於十六世紀成為羅馬大家族。博蓋塞宮後為羅馬收藏繪畫精品的場所之一——譯注）。我繼續走，來到一條大河畔。一定是台伯河（Tiber River）。河水混濁，但那土黃的色澤和冬天蕭瑟的街景頗搭調的。

對岸有棟圓筒狀的奇妙建築。再過去看到一個巨大穹頂。大概是聖彼得教堂（San Pietro）吧！我好像走到了梵蒂岡。

渡過兩側並立天使群像的橋，直進大路來到聖彼得教堂前。只從正面觀看還沒什麼感覺，但一踏入柱廊圍繞的廣場瞬間，就被那份宏偉氣勢所震懾。規模之大，讓人知道裡面確實可容納數十萬人。

穿過廣場，進入教堂。光線微暗，眼睛需要一點時間來適應，但很快就看清楚內部的擺置。

右邊有白色光亮的東西，觀光客圍繞四周。走近一看，是聖母馬利亞抱著死亡耶穌的雕像。我立刻知道那是米開朗基羅的〈聖殤像〉（Pieta）。沒有想到他們是那麼不經意地放在這裡，就在伸手可及的距離內。

我面對〈聖殤像〉。

耶穌躺在馬利亞的膝上，無力垂下的右手背殘留著釘痕。馬利亞右臂托著耶穌的背部，像擁抱似的撐著他。她悲傷地低著頭，不知望向何處。我覺得真正顯露悲傷的是那隻伸向虛空的左手，那手指的悲傷甚於她臉部的表情。

為什麼馬利亞看起來不可思議的年輕？宛如集母親、戀人、妹妹、女兒等所有女性要素於一身。目前為止，我沒看過這麼美的女性。

這是米開朗基羅二十五歲時的作品。我感到一陣衝擊，無法相信十五世紀時和我幾乎同年的他就能創造出這樣動人的作品，創造出這世界上最美麗的女人。

「這世上真有天才嗎？」

我心中喃喃自語。我不想相信這世界上真有天才，但又不能不允許只有創作這個〈聖殤像〉的人冠上這個稱呼。〈聖殤像〉有著超乎天才綻放自我才華過程的作品的意義。或許這作品就是天才的出發點、抵達點、同時也是一切。二十五歲就創造出這個作品的米開朗基羅，在他往後的漫長人生中，還能創出超越這個的作品嗎？

比起〈聖殤像〉，教堂內所有的擺設都顯得太過矯飾。祭壇的壯麗、裝飾的繁複等都超出我覺得必要的範圍。

走出教堂，再到梵蒂岡美術館，因為想看看〈聖殤像〉後的米開朗基羅作品。我略過拉斐爾、達文西和其他人，直往西斯汀禮拜堂（Cappella Sistina）。坐在靠牆而置的椅子上，仰望畫在天花板上的〈創世記〉和對面牆上的〈最後審判〉。

畫面陰暗模糊，但無疑是渾厚有力、不失精緻的傑作。但我覺得還是不及〈聖殤像〉完美。

我不覺在心中暗道：

「天才這種人也真無奈啊！」

究竟是什麼無奈呢？我也說不上來。

歸途，再沿著台伯河的林蔭大道散步，看到堤防下有家小餐館。我走下堤階去看，裡面擠滿了工人和附近辦公室的上班族。生意極好，顯見價格便宜。我看到還有空的桌子便走進去。

只懂義大利語的少年領我入座，拿出只有義大利文的菜單。我環視周圍，顧客多半在吃簡單的中午套餐。我也選了主菜是魚的那份套餐。

果然是正確選擇。

最先上的茄汁通心麵非常可口。第二道上的是只添加橄欖油和香料的鱈魚，口味清爽。桌上隨意放置的麵包也很好吃；裝在小杯子的紅酒也甘醇。總共只一千兩百五十里拉、六百多日圓而已。

沒想到這樣小的餐館、這樣不起眼的店竟有這樣好吃的食物。我高興遞給少年小費，同時無聊地想著，或許這就是文化。

下午改搭市內公車。

我查過路線圖，早上走過的是從羅馬東邊往西的橫斷路線。於是，巴士就選南北縱走的路線。上車直接坐到終點，再搭回程車重複同樣的路線。票價五十里拉。即使坐錯車也能毫不猶疑就下車的金額。

隨心所欲的巴士之旅通過羅馬廣場（The Roman Forum）旁邊，看到古羅馬圓形大競技場（Colosseum）和卡拉卡拉大浴場（Terme di Caracalla）。

四處繞了一整天，傍晚在旅館附近的超市買了麵包、蘋果、生火腿和雞湯塊。回旅館路上，看到沿路幾家餐廳的價錢都貴，也猶疑著一個人進去好不好，結果還是把超市買的東西都帶回旅館房間吃了。中午吃得有點奢侈，晚餐就須節省些。

回到旅館，女老闆逮住我就說：「不是叫你出門時要關燈嗎！」

早上八點時光線還暗，房間裡必須開燈，但出門時糊裡糊塗地忘記關燈了。我乖乖地抱歉後，她又重複一遍昨晚的說辭：義大利的電費很貴。看她怒氣已消，我趕忙拜託她，「給我一點熱開水好嗎？」

她問完我的用途，也沒抱怨，裝了一大杯熱開水給我。

我在開燈後還顯得陰暗的房間裡，喝著雞湯塊溶解的熱湯，吃著麵包夾火腿和蘋果的晚餐。

窗外是燦爛的燈泡霓虹，纏在電線上橫掛街頭，聖誕節快到了。

即使在這個季節，羅馬到處都有觀光客。旅館老闆娘也不全然騙我。出來旅行以後，還是頭一回遇到這麼多觀光客。在經過的國家裡，我總被當作罕見的旅人、一種稀有人類來對待。在這裡就只是一個平凡的觀光客。有一種愉快又有些落寞的奇妙感覺。

明天做什麼？看過米開朗基羅的〈聖殤像〉，對美術館和博物館已不太有興趣。我不想看大競技場和卡拉卡拉大浴場這些古羅馬時代的遺跡，也無意就這樣無所事事地混跡羅馬。我還想在羅馬停留一些時間……。

還是和她聯絡吧！

## 3

翌日，我把前晚吃剩的東西充當早餐解決後，拿著那張紙到火車總站，站在公共電話前。

紙上寫著：

ADDRESS　VIALE PINTURICCIO 45

PHONE　396-4954

拿起聽筒，投下硬幣時，我還有點遲疑。真的要聯絡她嗎？這不是一種背叛行為嗎？

但是想要聽到對方聲音的慾望難以壓抑，我甩掉遲疑，使勁撥著號碼。

電話一接通我就搶著說日語，因為我怕對方說義大利語時不知怎麼對應。

「喂，喂。」

話筒那邊傳來音調柔柔的日語。

「喂。」

我結結巴巴地報上姓名，告訴她是磯崎夫人介紹我來的，電話中的女士很快表示了解，要我去拜訪她。

她簡潔地指示我怎麼從火車總站到她家。坐幾號巴士、在哪一站下車、目標建築有什麼特徵、下車後怎麼走、住在幾樓等等，要領之佳、語氣之柔，充分表現出她的個性。

我照她的指示找到公寓，搭乘老電梯上五樓，摁門鈴。

出來應門的是個瘦小的日本女人。她凝視我瞬間後說「歡迎」。

牆上裝飾著幾幅筆觸我有些記憶的抽象畫。圓和直線的構圖、大量使用中間色的簡單色調……。

「我聽愛子提過你。」她說。

看來，磯崎夫人事前打過電話。

在德黑蘭喜來登飯店和磯崎夫妻共享大餐那晚，磯崎夫人在寫給我更彩丈夫姓氏的紙外，另外給我一張紙，同時說：「如果你去羅馬，可以和這位女士聯絡，她一定會照顧你的。可是這事不能向更彩提起。」

紙上寫著「老師」遺孀的地址和電話號碼。

可是，在去安卡拉見更彩以前，我幾乎忘掉磯崎夫人交給我的這張紙。見到更彩、度過短暫但印象深刻的時間後，我突然心繫起住在羅馬的「老師」遺孀。

在見更彩以前，我有疑似「向父親情人報喪的兒子」的情結，但是見到更彩以後，我反而感覺對住在羅馬的「老師」遺孀有種莫名的愧疚。或許是我的心有點偏向更彩的緣故。

因此，我不打算去看「老師」遺孀。即使到了羅馬，也不會打電話給她吧！但隨著我人越接近羅馬，那張紙也越令我在意。「老師」遺孀是什麼樣的人呢？

此刻，她正坐在我面前。年齡五十多歲，可能接近六十。但她是日本女性中少見的抬頭挺胸型，加上舉手投足都瀟灑俐落，給人很年輕的印象。她的氣質讓人相信她年輕時可能是芭蕾舞伶。

她說話率直，問到我這一路走來的旅程時，簡直像在口試。這倒拂去了我原先的沉重感。一開始談到旅行，她就好奇地聽得入神。我說到香港、澳門、印度、阿富汗、伊朗和希臘。當然，也說到土耳其，但是沒有提安卡拉。

談話告一段落，她說：「中午在這裡吃吧！」

看來，我通過了口試。

第二天，我又去拜訪這棟墨索里尼時代建造的公寓。

前一天叨擾一頓午餐回去時，她說方便的話明天再來。我感激她的邀請，不只可以節省一頓飯的開銷，也能享受日語對話的愉快，更高興的是能借看她滿架的日文書籍。

午餐準備好不久，她在珠寶店打工的女兒回來吃飯。

我們一起圍著餐桌，愉快地說笑。她女兒工作的地方在一條有名的街上，常有日本觀光客來。其中，尤其是男性團體客看到她是日本人，一定吃吃豆腐、做些無聊的邀約。她模仿他們對話的情形。

「欸，小姐，妳在義大利幾年了？」男客搭訕。

「四年。」

「結婚沒有？」

「沒有。」

「騙人吧！不是跟像湯尼．寇蒂斯一樣的男人住在一起嗎？」

她覺得這樣的對話實在愚蠢，閉嘴不語後，對方又趁機挑逗。

「真的一個人的話，我給妳介紹一個日本好男人。」

「……」
「妳住哪裡？」
「……」
「給我電話號碼吧！」
她不再搭理後對方知難而退也罷，如果還固執糾纏時她就會罵人。不過，她是劈哩啪啦罵上一串義大利語。
「鬼扯個什麼勁！要想勾引女人，就做漂亮一點，無聊透了，還不快滾！」
不懂義大利話的日本男人只能啞口無言，旁邊的義大利人也因為她冒出平常不說的語句而愣住。
「同樣是客人，義大利男人的手法就高明多了。」
她笑著說，這時，她母親也附和說出讓人愕然的話來。
「沒錯，同樣是摸屁股的動作，義大利男人就摸得好，他們知道怎麼摸。」
「在哪裡被摸的？」我湊熱鬧地問。
「迪斯可啊！」
「什麼時候？」
「前一陣子。」

這位遺孀似乎還相當勁爆。

結束愉快的午餐，她女兒再度回去上班，我和她繼續喝咖啡聊天。

我要告辭時她說，明天女兒不在，一起吃晚餐吧！

## 我的安妮公主

翌日傍晚，我去她家時，她說：「有想去的地方沒有？我可以當嚮導。」

我卻反射性地回答說，不，帶我去妳喜歡的地方吧！話出口後，我發現這句話和對更彩說的一樣。

出門時她看看我的衣著，問我：「冷不冷？」

我雖然穿著在伊斯坦堡買的黑色高領厚毛衣，但沒有外套。在希臘以前，我都將就地穿著從日本帶來的薄運動夾克，但在羅馬幾乎派不上用場。在別人眼中，那薄薄的夾克看起來反而更冷。

她問我冷不冷，我說有點冷。於是她從裡面房間取出一件短棉大衣。

「穿上吧！」

好像是已故畫家的工作服，土黃色的布料上到處沾著顏料。穿起來有點短，但相當合身。

人。

「很合身哩！」她說。

走到街上，她穿著流行的苔綠色長大衣，挽著我的手臂，瀟灑的步伐不像是六十歲的人。

她先帶我去柯斯梅汀聖母堂（Santa Maria in Cosmedin）附近。這座教堂的廊柱上有個著名的「真理之口（Bocca della Verita）」雕刻。

從聖母堂沿著台伯河畔的林蔭大道而行，我們天南地北地閒聊。因而解開了好幾個疑問。我好奇她為什麼住在羅馬。因為我一直以為只有「老師」單身住在羅馬。我知道「老師」曾和更彩住在羅馬，那麼她又是什麼時候來羅馬的？

事情原來是這樣：畫家在死前十幾年一直單身前往羅馬。她之所以同意，是因為她深深相信畫家需要自由，任何人都不能壓抑的自由。畫家為確立自己的風格在羅馬奮戰苦鬥，除了介紹東歐的卓越美術、指導在義大利的年輕美術家外，幾乎和日本斷絕來往。她在丈夫死前半年，帶著女兒來到羅馬。因為她預感到丈夫快要不行了。畫家在他生命的最後半年，是和妻女一起安詳渡過，並因腦溢血在睡夢中過世……。

「預感是怎麼回事？」我問。

她沒有直接回答，而說：「我小時候常常碰到靈界事物，因為一直有這個困擾，甚至曾經想去當尼姑。因為尼姑就可以應付那些事物。」

她花了漫長時間去學四柱推命，研究自身的感應之類的東西。

「那時，我清楚看見他死掉的樣子。」

渡過帕拉提諾橋後，街景突然變成庶民的風貌。巷道狹窄，二樓、三樓的窗戶上晾著各種顏色的衣服。

「這一帶叫做特拉斯台伯（Trastevere），是台伯河對岸的意思，來到這裡就覺得輕鬆。」

我們在一家餐廳吃過簡單的晚餐，說要去看電影。她義大利語不精，要看英語片。這裡有專門放映英語片的電影院。

我們看的是傑克李蒙主演的《拯救老虎》（Save the Tiger）。

我不懂義大利語、英語也不流利，完全不懂劇情在說什麼。好像是「被昔日夥伴威脅籌錢的悲哀中年男人故事」，也好像是「因戰爭而精神深受重創的中年男人荒涼的一日」。兩者除了主角都是中年男人外，別無共通之處。在這電影院裡，好像只有我看到了完全不同的劇情。

看完電影，我們又去酒館，喝葡萄酒兼吃晚餐。

畫家死後她沒有回去日本，一方面是羅馬容易生活，更重要的是羅馬人很有意思。她說，怎麼看他們都看不膩。去年，她回去睽違多年的日本，反而比較痛苦。

「打算一直待在這裡嗎？」我問。

她語氣低沉地說：「這裡的通貨膨脹很厲害，還不知道能不能一直住下去……，總有一天要回去吧！」

猛然發現已過了午夜零時。我們搭乘深夜巴士回去。

她先下車時對車掌說了些話，因為是義大利語，我問她說些什麼，她這樣回答：「這孩子在火車總站下車。」

這孩子！讓她這麼說我也沒辦法。對她來說，我的年齡確實像她孩子一樣。

在總站下車，走過深夜的阿美迪歐街。聽著自己叩、叩的腳步聲，發現在這羅馬、在這電影布景似的羅馬，我得到一個比路人分量略重的角色。

我見到了愛著同一個男人的兩個女人。一個在安卡拉，另一個在羅馬。對其中一個我是使者，對另外一個……。

或許，這就是我的《羅馬假期》。雖然我的安妮公主已經六十一歲了。

## 4

持續了幾天免費享受午餐、借閱日文書的日子。我帶著那些書有時到公園廣場、有時到咖啡館，邊喝卡布奇諾邊看。

那天，我照例叨擾完一頓午餐後，一個人去對岸。自從她上次帶我來過以後，我一直想再來漫步一番。

渡過佳里巴迪橋（Ponte Garibaldi），右轉對岸街，走在通往彼岸聖母堂（S.Maria in Trastevere）的窄路上。一個穿著藍色工作服的年輕爸爸推著嬰兒車過來。我探頭看著車裡，是個圓嘟嘟的男嬰。我對他微笑，他也笑了。我突然有拍照的興致。我從背袋中取出照相機，用手勢問那父親可以幫他兒子拍照嗎？他笑著兩手攤開，像是說請便。我拍了一張嬰兒獨照後，也仿聖母聖嬰圖像拍了一張現代的聖父子圖。

我謝過他，直接往聖母堂走去。走到教堂前的小廣場時，聽到背後有人叫我。回頭一看，是剛才那個父親。他不停地比手劃腳，右手做出拿筆的動作。

是寫信嗎？

「Letter?」

我用英語問，他高興地點頭，「Si, si.」

信？我想了一下，很快理解他是要我相片洗出來後寄給他。

「OK。」

我說，他笑逐顏開。我要他把姓名住址寫在記事本上，正要走開時，他突然掏出一百里拉的鈔票塞給我。我把錢推回去，他就指著附近的酒館說：「咖啡？」

他想要請我喝咖啡。我欣然接受。

我們喝著espresso，隨意聊著。當然，我不會說義大利語，他也只懂幾個英語單字，但是還是能部分溝通。他是汽車修理廠工人，太太是護士，今天值夜班。他叫馬可，兒子叫魯卡。儘管酒館裡喧鬧異常，小魯卡還是笑呵呵的手舞足蹈。我訝異馬可年齡之輕。我問他時，他說「Two six」。

大概是二十六吧！二十六歲。幾乎和我同年。他問我的年齡，我說一樣時，他說不可能，應該更年輕些。知道我不是開玩笑後，高興地要請我喝酒。

我喝著酒，心中思緒複雜。馬可和我同年，卻已結婚生子，幫老婆照顧孩子。腳踏實地地生活。十五世紀的米開朗基羅在這個年齡創作出〈聖殤像〉，二十世紀的馬可生養「魯卡」。〈聖殤像〉和「魯卡」之間雖然沒有任何關係，但兩個人都是生育出我無法做到的美麗事物，我對生育這事突然有股焦慮感。

## 卸下心頭重擔

翌日，我去見畫家遺孀，告訴她隔天就要離開羅馬。

「要去哪裡？」

我說想去佛羅倫斯，她問我之後要去哪裡時，我說還沒決定。

「那就去威尼斯好了。」

「威尼斯……」

「威尼斯很美。」語氣中含著強烈的感情，「看過維斯康提（Luchino Visconti，一九〇六——一九七六，義大利戲劇和電影導演——譯注）的《魂斷威尼斯》嗎？」

我說沒有。

「那裡真的有像電影裡面出現的美少年呦。」

「是嗎？」

「一切都太過美麗到悲哀的程度。」

接著，她談起最近去威尼斯時遇到的瘖啞美少年。

「那樣子好像城市和人們都滅絕了……。」

既然那樣，我就先去佛羅倫斯，接著去威尼斯。

「出去走走好嗎？」我約她。

她說：「去過特雷維噴泉（Fontana di Trevi）嗎？」

我說還沒有，她說，就去那裡吧！

我和她從科索大道（Via del Corso）走到托麗托涅大道（Via del Tritone），一路上我都想著該怎麼辦。如果明天就去佛羅倫斯，那麼我的「羅馬假期」就結束了。就像電影「羅馬假期」的最後，葛雷哥萊畢克向安妮公主坦承自己是新聞記者般，我也必須向我的安妮公主說真話嗎？磯崎夫人要我保密，但她這樣照顧我，我還藏著這個秘密，實在於心不安。

我終於說了。當然，我沒說去土耳其見「老師」的情人。只說去見了愛子介紹的「老師」學生。我盡量不當作一回事地說出來。但只說了這些，心中還是有個疙瘩，好像交代得不完全。我想多說一點更彩的事時，她說：「啊！一定是她！」

我嚇一跳，就像在安卡拉告訴更彩「老師」死訊，她卻說已經知道時同樣的衝擊。

「妳認識？」

「不，不認識。」

「但為什麼說一定是她。」

「我們雖然沒見過，但可能談過話。」

「什麼時候？」

「葬禮結束後一個星期吧！接到一通女人打來的國際電話。我說老師過世了，她只說了一聲『是嗎』，就掛掉電話。就是她吧？」

這和更彩的說法完全符合。我突然輕鬆起來。心想說出來真好。她好像知道打電話來的女人和畫家有某種關係，還能這樣心平氣和。我不知道畫家另外還有什麼女性關係，至少對這件事情，她的心情顯然已經整理過。我感覺自己從見過更彩後那種奇妙的心理重擔下獲得解放。其實，我不需要愧疚的。是我的多慮造成自己的心靈負擔。我和更彩在安卡拉度過奇妙的時光。也和畫家遺孀在這羅馬度過不可思議的時光。僅僅這些，我已滿足。

即使如此，我仍不免覺得，已過世的畫家招惹的盡是感覺敏銳的女人。

特雷維噴泉有相當多的觀光客。水底確實有許多傳說中的硬幣。真的有年輕人和朋友在此許願丟錢，數量比想像的還多。有人定期打撈這些硬幣嗎？

「你不許個願嗎？」她問。

「無所謂。」我說。

她點點頭，然後直視著我，「旅途小心啊！」

「嗯。」

「不過不要緊，有非常強勢的星保護你。」

街上已經亮起燈飾。我們在酒館喝了一杯葡萄酒後送她回家。我沒上去，在公寓前脫下借穿的外套要還給她。她想了一下說：「算了，你穿著吧！」

我謝謝她，就此作別。

# 5

在佛羅倫斯，任何地方用走的都能到，這點很理想。

名字有著花的意思的佛羅倫斯，市中心是有「童貞聖母大教堂」（Santn Maria del Fiore）之稱的大教堂（Duomo）。維琪奧宮（Palazzo Vecchio）、麥地奇禮拜堂（Cappella Medicee）等重要的觀光名勝都在一公里以內。即使慢慢走也不用二十分鐘。

我住的旅館距離大教堂有點距離，但到各地都很方便。

流經佛羅倫斯的阿爾諾河（Arno）上有好幾座橋。最有名的是佛羅倫斯最古老的維琪奧橋（Ponte Vecchio），最美的是下游的聖三一橋（Ponte Trinita）。我的旅館就在聖三一橋附近，在阿爾諾河和坡塔羅薩街（Via Porta Rossa）之間的窄巷三樓。房間的窗戶只能看到對面建築的牆壁，但有衛浴設備，已值得慶幸。

從這裡到以大教堂為主的阿爾諾河右岸，或過橋到左岸都很方便。尤其是晚上，為了要找廉價餐館，我常走聖靈教堂（Churches of Santo Spirito）到卡米列聖母堂（Santa Maria del Carmine）一帶。

的確，佛羅倫斯充滿了符合其名的美麗事物。每一座教堂、每一座美術館，都充滿了美術史上的傑作。充滿了在其他國家只是其中一件就能吸引無數觀光客的美術傑作。

但是，拉斐爾、波提且里、安吉利柯、達文西、米開朗基羅的作品，都無法激昂我心。天使告知受孕的馬利亞、站在貝殼上的維納斯、身纏薄衫的花神芙蘿拉，個個都美麗無疑。但，僅此而已。大教堂裡被譽為米開朗基羅三大「聖殤」之一的〈聖殤〉，也因為不自量力的學徒企圖彌補他未完成的聖母馬利亞部分，使得構圖失衡而令我心痛，麥地奇禮拜堂的〈晝〉、〈夜〉、〈黎明〉、〈黃昏〉的四座雕像，也讓我無法認同作者是米開朗基羅。

其實，幽幽沁入我心的毋寧是佛羅倫斯的街景，我喜歡那無名小巷裡殘留中世紀風貌的石板鋪路和建築牆壁，甚於那些留名歷史的教堂、宮殿。那些石板路雖然是為觀光用，但當馬車蹄聲清脆馳過時，總讓我莫名地心動。

說到街景，黃昏時從喬托鐘樓（Campanile di Giotto）和米開朗基羅廣場眺望的佛羅倫斯很美。佛羅倫斯的建築屋頂幾乎都是紅瓦，在夕陽下染得更紅。

夜晚的佛羅倫斯屬阿爾諾河畔最佳。霧濃的夜裡沿河而行，看不到眼前的橋影。繼續前行，終於看見霧中的白色燈光和橋欄杆。在那淡淡的光中，過橋人的身影時隱時現。像看皮影戲般的夢幻光景。

那天早起就下雨。房間很暗，走到街上，也是一片陰霾。

我去郵局買航空郵簡。一張要一百一十里拉，我買三張，因此是三百三十里拉。可是我給職員四百里拉，他只找我五十里拉。我還伸著手，於是又給我兩張十里拉的郵票。我買的是不需要郵票的航空郵簡。我不需要郵票。我用手勢說明，但他也用手勢表明沒有十里拉的零錢，一副沒辦法的表情。

有關義大利商人找零的經驗，頗有意思。例如買五百六十里拉的東西。給他六百里拉，應該找回四十里拉。但是如果沒有零錢時怎麼辦？麵包店會找給你不值四十里拉的糖果。酒館則要你給他十里拉，然後給你五十里拉的電話代幣。

或許這些還算有良心的。如果是五百六十五里拉、要找三十五里拉時，超市只給三十里拉，另外的五里拉就算了。

即使想生氣，但對方讓你絲毫感受不到一點惡意，你也氣不起來。有一次，我在羅馬超市就遇上這種情況。我接過三十里拉後還伸著手，收銀機的小姐奇怪地看著我，不知我要做什麼。我做出還欠我五里拉的姿勢，她就露出「我服了你」的表情，把十里拉的硬幣放在我掌心。好像說：「這樣行了吧！」讓我覺得自己好像要錢的乞丐般淒慘。反正，在義大利找零錢很麻煩。我雖然了解，還是忍不住抱怨一下，至少銀行和郵局這些地方該老實地找錢給人吧！

可是，這位郵局職員一直笑嘻嘻地給我郵票，沒辦法，我只好把這用不上的郵票當作紀念品接下來，走進附近的酒館，在剛買來的航空郵簡上寫信。

義大利的航空郵簡是我見過最清爽的設計：淡綠淺灰兩色為底反白的「ITALIA」字母，框在星星連結的方塊裡，形成邊線的效果，很好寫。

就像這航空郵簡，義大利的小東西在設計和功能上都很卓越。但是這種機能性和他們那種隨便的個性如何連在一起，對我來說是個謎。

## 創作的秘密

寄了信，到市場買食物。途中突然下起大雨。我在禮品店前暫時避雨，看那雨勢一時不會停，於是走進眼前的阿卡德米亞美術館（Galleria del Academia）看看。

我來佛羅倫斯已經數天，只有這座美術館還沒來過。我當然知道這裡有米開朗基羅的〈大衛像〉。維琪奧宮殿前執政團廣場（Piazza della Signoria）上的是複製品，為了避免損傷，真品放在這裡。但是，我為什麼對這座雕像沒興趣呢？

走進裡面，迎面就是巨大的大衛像。由於照明細膩，周圍沒有多餘的雜物，看起來聳然而立。因為是在室內，看起來比執政團廣場的複製品大。身體的線條也比複製品的有力，但我還是沒有心動。看了五分鐘就膩了。在這裡要如何熬過避雨時間呢……。

但是就在大衛雕像前，有個讓我意想不到的作品。

其實那說不上是作品，說是石塊還恰當些。石塊，但它不是普通的石塊。而是米開朗基羅雕塑途中放棄的大理石。共有四塊未完成的大理石，讓我感到最具震撼力的是〈甦醒的俘虜〉那塊。只雕了四分之一，大理石塊上只出現像是男人身體的浮雕。但因為未完成，反而戲劇性地刻畫出大理石和雕像，以及素材和作者的關係。

那簡直像一個男人被囚禁在大理石裡面。他痛苦地歪臉扭身、顫抖四肢狂吼意欲衝出大理石的桎梏。

我凝視那充滿粗獷活力的未完成雕像時，有著奇妙的幻想：在很久很久以前，有個人觸怒了上帝，被封閉在大理石岩石裡。有一天，米開朗基羅看到石匠切割出來的大理石，感知埋在裡面的痛苦男人，拿起鑿子想將他從大理石牢獄裡解救出來……。

男人的身體鮮明地留下米開朗基羅的鑿子痕跡。那是男人曾被封埋在大理石裡的證據。米開朗基羅揮動的鑿子給了男人肉體、注入生命。那不是甦醒，是讓他誕生。那時，米開朗基羅的存在近似上帝。對大理石男人來說，米開朗基羅才是上帝。

然而，創作何其困難啊！男人終究沒有完全自大理石牢獄中獲得解放，只顯露他被囚禁的痛苦後就被擱棄了。但是真正的痛苦，或許在不能成為他的上帝的米開朗基羅身上。我彷彿窺見了創造的秘密，在那雕像前凝然不動。

我走到雨還沒停的街上。著迷似的走在那強力撲打而下的雨中。

6

兩天後，我從佛羅倫斯中央車站前的廣場坐巴士去以斜塔出名的比薩（Pisa）。當然，我並不打算在比薩斜塔上做物理實驗。

前一晚，我在旅館床上攤開歐洲地圖，研究以後的旅程。

## 蒙地卡羅在招手

雖說是研究，但眼前只決定了佛羅倫斯的下一個目標威尼斯。畫家遺孀口中頹廢至極的威尼斯強烈地吸引著我。但在思索走哪條路線去威尼斯時，心意突然改變。

義大利北部和法國、瑞士、奧地利及南斯拉夫接壤。從佛羅倫斯北上威尼斯，不是直接入境奧地利，就是經由米蘭進入瑞士。但如果採西行路線朝向熱內亞（Genoa），就能沿著地中海直接進入法國。入境法國後經由馬賽（Marseille）一口氣抵達巴黎。到了巴黎，倫敦只是一步之遙了。但是義大利和法國之間有個摩納哥（Monaco）。通過熱內亞，經由著名的聖勒摩（San Remo）等義大利里維耶拉（Riviera）海岸，越過國境，就是摩納哥。

摩納哥！

摩納哥的蒙地卡羅（Monte-Carlo）有著名的賭場。

賭場！

這趟旅行之初，我曾在澳門的賭場熱中於「大小」賭戲。一時曾輸掉一千二百美元，經過通宵鏖戰，總算扳回相當程度，實際上只輸了二百美元。我現在阮囊羞澀，原因之一就是在澳門輸了些錢。

凝望地圖時，突然閃過到摩納哥賭場再戰的念頭。這簡直像天啟一般。沒錯，到摩納哥報澳門之仇。我應該贏回那兩百美元。腦中一旦閃過這個念頭，浮現眼前的不再是威尼斯的運河和遊覽船（Gondola），而是骰子和撲克牌。我在澳門賭場時的最後走運實在刺激。或許會繼續那個運勢。我一這麼想後，感覺何只是兩百美元，一千、一萬的大錢都能輕鬆贏得。我或許一贏再贏。不，一定會贏！

「我能在摩納哥贏筆大錢、如王宮貴族般旅遊到倫敦嗎……」

我於是沒從佛羅倫斯向北，而是走往西的路線，先去比薩。

往比薩的巴士上，我旁邊坐著一個和善的老人。如我猜想的一般，車開不到五分鐘，他就主動找我說話。他說的是義大利語，我完全不懂。我聳聳肩膀說「No Italiano」。我沒有自信別人都一定懂我的意思，但在這種場合說出，對方大抵都能了解。老人凝視我半晌，改用英語。

「你是西西里人嗎？」

我大吃一驚。不是因為他說英語，而是他竟然會問我是不是西西里人。

「怎麼會？」我說。

老人摸著眼睛到臉頰的部分說：「不是嗎？這部分很像。」看來，他真的把我錯認為西西里人。不過，當他知道我是日本人時很高興，說是第一次和日本人交談。

可是我卻受不了。我本想好好欣賞窗外的風景，但他以導遊自居般東說明西解釋的，讓我沒辦法靜下心來欣賞風景。一看到岔路，他就說「這邊的路通往西耶那（Siena）」，一看到河流又告訴我，「那河流到比薩」。

途中，一棟非常普通的民宅院子裡有棵柿子樹，樹枝上還有幾個紅透的柿子。秋天已逝的季節，在異國看到柿子，特別有感觸。

我帶著感傷的情緒看著柿子，他循著我的視線，知道我在看柿子後便問：「那個在日本怎麼說？」

「Kaki。」

「日本也這麼說嗎？」

「怎麼說？」

「義大利也說是kaki啊！」

義大利的柿子是日本移植過來的嗎？還是單純的偶然呢？看我一臉訝異，他便不以為然地說：「沒什麼好大驚小怪的，因為日語和義大利語都是一樣的拉丁語啊！」

我沒聽過這種說法。但是他的表情很認真。

「中國話本來也是拉丁語。」

我不想跟他抬槓，也覺得或許真的就是這樣，於是用力點頭。

之後，他每看到一樣事物就告訴我義大利話怎麼說，也問我日語怎麼說。真是好奇心旺盛的老人，我卻累慘了。

我問他英語為什麼那麼流利？他說二次大戰時曾被美軍俘虜。但不是所有俘虜都能把英語學得這麼好。他好像另有隱情，但我不便細問。

「Good fighter。」他突然說。

「啊？」

「日本人是good fighter。」

他是在講二次大戰時的事情。我聽說義大利還有這樣的老人，沒想到真的遇上。不知是社交辭令還是出於真心？我凝視他的臉想弄清楚，只見到一副不是開玩笑也不算嚴肅的表情。

「還要一起戰鬥！」

「……？」

「日本人和義大利人一起戰鬥，再度一起戰鬥。」

「……！」

我無言以對，即使義大利軍隊多麼不堪一擊，但跟這種人在一起，也絕對不會無聊。不過，很可能在戰鬥累倒之前就因為聊天而筋疲力盡。

巴士抵達比薩後，分手時我謝謝他。

「我學會了好幾個義大利字。」

他輕輕擁抱我的肩膀說：「彼此彼此，我也學了日本話。」接著又加一句：「祝你好運！」

那只是老套的單純話別，但是從他的嘴裡說出來，聽起來好像是能摧毀所有阻礙我面前的難關的魔力之咒。阻礙我面前的難關，就是摩納哥的賭場。我仗恃老人的祝福，心中擺出武士架勢，想像我殺進摩納哥賭場的模樣。

## 決心一賭

我無意為斜塔留在比薩，於是直往熱內亞。經由地中海沿岸的港都拉斯佩齊亞（La Spezia）抵達熱內亞時已經晚上。

在熱內亞住宿一夜，翌晨在佳里寶迪大道（Via Garibaldi）買了食物，立刻奔往摩納哥。

從聖馬加利塔里葛雷（Santa Margherita Ligure）到聖勒摩一帶，是義大利著名的里維耶拉休閒勝地。越過義大利和法國的國境進入摩納哥後，就是法國里維耶拉了。

巴士沿著里維耶拉的海岸行駛。地中海的景色美得耀眼。但是我告訴自己，這種程度的海已看多了，不讓自己的心有所感動。我無理地壓抑自心，不要為這種人工的觀光勝地感動。

又紅又大的太陽緩緩沉入地中海時，我還想著不必為這景觀感動。太陽沉下、半個月亮升起時，我心有些躁動，我強忍著興奮告訴自己還不到時候。但隨著月亮在藍色天空漸增鮮彩，我幾乎就要投降了。月光反射海面，波光晶瑩閃閃。我在別處的海上也看過這情景，為什麼還覺得像是從沒看過這樣美麗的月光？該認輸嗎？這是無法形容的美。但是，我還逞強地告訴自己還早還早還早！

摩納哥在義大利里維耶拉和法國里維耶拉的中間，但在文化和經濟上都屬於法國圈。官方語言是法語，貨幣也採用法郎。我雖然來到蒙地卡羅，但是沒帶法郎，需要換錢。銀行沒開，大飯店雖然可以換錢，但是匯率不好。於是到火車站應該有的兌幣處去。

但是，從巴士站到火車站有相當的距離，加上迷路了，上上下下好幾個陡坡，好不容易才找到火車站，真是符合摩納哥這童話般小國的一個小火車站。

換到法郎，接著要找廉價旅館。不過，這裡是實至名歸的高級度假勝地，就是廉價，恐怕也有個限度。其實我應該聰明地像經過聖勒摩不入一樣通過摩納哥，可是我寧可多花在摩納哥住一晚的錢，為的是想扳回在澳門的損失。而且，在賭場大贏後，這點小錢不就回來了嗎？就當作所謂的先期投資吧！

火車站附近有幾家看似便宜的旅館。我找到一家一晚十七法郎、約一千日圓的旅館，看過房間後，我立刻對身上的錢發出總動員令，已經銳減的旅行支票、慎重塞在護照裡的百圓美鈔、連牛仔褲袋裡的零錢都掏出來，把全部財產攤在床上。

總額超過五百美元。我雖然心裡有數，但對自己這阮囊羞澀的狀況還是感到輕微的衝擊。可是我並未因此打消翻本的意圖，反而激起讓今後行程不再寒酸、非贏不可的鬥志。

我問旅館的女老闆賭場位置，她說一出去就會看到大賭場（Grand Casino）。

的確，我一出門就看到了。稍微下一段坡，就看到左邊高地上燦爛燈光中浮現的白色建築。大概就是大賭場。

衝啊！

但是殺進賭場前得先填飽肚子。我在澳門得到的教訓之一是，一旦開始賭後就不知道什麼時候才能吃東西。這個教訓給我作戰前「能吃時就吃」的行動指導方針。

餐廳前面貼出套餐的菜單。我看過幾家，有一家的套餐主菜是白酒蒸淡菜。我邊喝白酒邊吃淡菜。真是好吃。以前我對淡菜有偏見，這回味道好到我必須撤回那偏見的程度。

我暗自嘀咕，這是好的開始。當然，即使淡菜難吃，我還是會找到理由解讀成幸運之始。

我下坡到繫著超大型遊艇的遊艇碼頭，又登上另一個坡。走在陰暗的坡路上，心想這條路千萬別是窮光蛋之路啊！

坡路盡頭是賭場的後門。我繞到正門前，立刻產生輕微的自卑。屋頂掛著裝飾時鐘的哥德式建築外觀，在柔和的燈光照射下，伴著微妙的陰影浮現眼前。穩重的氣勢是澳門葡京賭場無以比擬。但是，震懾我的不是建築物。大門前穿著漂亮制服的門衛，每當高級轎車停靠時，立刻上前幫忙開門關門。車中走出披著昂貴皮草的女人和護花的紳士。雖然都是賭場，和那擠滿提著菜籃、捏著一把硬幣便來的歐巴桑的葡京賭場，本質上是完全不同的空間。但我就因此膽怯嗎？

去吧！

我告訴自己，向大門走去。門衛不經意地擋在我面前，笑著說法語。他是討好我吧！

但當我對他回笑後想進去時，他清楚地用手制止我。怎麼回事？我用英語問，他也用英語回答。

「你不能進去！」

我一愣，口氣有點重，「為什麼？」

他很客氣地說：「我們這裡必須穿夾克。」

我突然遭襲似的狼狽不堪。根本沒想到有這種事。我的上衣是羅馬那畫家遺孀送我的短外套。我問他這是規定嗎？他說是規定。

「我不知道。」

我說，有點難過地聳聳肩膀。但是我不能就此輕易退縮，畢竟，這裡的輸贏關係我以後旅程的成敗。我指著自己身上的外套強辯：「我有穿夾克啊！」

他笑著回答：「在我們國家，這不叫夾克。」

我垂頭喪氣地回去，只因為沒穿西裝、人格就被全盤否定。

「啊！出師未捷身先死……」

我受到的打擊比變成窮光蛋還嚴重，腳步沉重地走在遊艇碼頭旁的虛幻窮光蛋之路上。

回到旅館，告訴女老闆我的遭遇，她苦笑說：「你想去那裡試試手氣？」

「嗯。」

「還是別去較好，要收入場費的。」

「我知道。」

「比我們這裡住一晚還貴呀！」

「我知道。」

其實我不知道，只是一路說下來必須這樣說不可。

她看了我的頹喪樣子，突然說：「那麼想去的話，也不是沒有辦法。」

「怎麼做？」我精神一振。

「有出租禮服的啊！」

市內有專為這種客人服務的租衣店，這家旅館也可以幫客人準備。

「我明天幫你準備好嗎？」

我問她多少錢。

「五十法郎就好！」

那是三個晚上的住宿費用。太離譜了，我怎能租呢？於是我拒絕說，不必了，因為明天必須離開摩納哥。

回到房間後，我還恨恨地詛咒：「等著瞧吧！」但很快就怒氣平息，覺得這是上帝或菩薩的保佑，讓我不會因為慘輸而提前結束這趟旅程。去賭未必會贏，或許，這才是比薩老人送給我的「幸運」。

那一夜，不能翻本的懊惱和沒有變成窮光蛋的安心交錯起落，我輾轉難眠。

## 7

翌晨，我漫步童話國家摩納哥。我只遙望葛麗絲凱莉住的王宮（Palais Prinncier），走在通往遊艇碼頭的路上。

途中有個市場，我進去逛逛。物價並不便宜，但是商品相當豐富。果然是屬於法語圈的國家，葡萄酒幾乎都是法國產，麵包店並列著法國的棍棒麵包，乳酪也有許多種類。

更讓我覺得這個國家不屬於義大利圈的，是在吃早午餐時。

店門口的菜單上有義大利麵，我看到後突然懷念起義大利的通心麵。嘴巴說懷念，其實昨天才剛離開義大利，沒吃通心麵不過兩天而已，我似乎已經上癮了。義大利的通心麵是那麼美味：那捲在叉子上送進口裡的QQ的麵條；還有香醇的橄欖油和各種醬料；我尤其喜歡簡單的茄汁醬。就像日本關西地方任何一家麵店都能煮出好吃的素麵一般，在義大利，再簡陋的餐館也都能煮出好吃的茄汁通心麵。我在佛羅倫斯時，一天不吃上一回就覺得不舒服。據我觀察，一般義大利人中午只吃一盤通心麵就夠了後，因此我進餐廳時也大大方方地只點茄汁通心麵當午餐。

我看到菜單上有通心麵，期待能再享受義大利通心麵的美味。可惜店家做的並不道地。我看出菜的時間太短就有些不安，嚐了一口，就知道我的不安是對的。那只是走味的蛤蜊麵。因為摩納哥和義大利距離不遠，我因而疏忽了它果然不是義大利，而是法國的一環。

我確實明白自己進入了法語圈，是在摩納哥前往尼斯（Nice）的巴士途中。一邊哼歌一邊開車的司機是非洲裔黑人。我這趟旅途中不是沒看過非洲裔黑人，只是我在經過的國家中，沒看過從事這種輕鬆工作的黑人勞工。他們大概是法屬舊殖民地的移民。

乘客多半是趁著午休時間從摩納哥回尼斯的人。對普通人來說，摩納哥是工作的地方，不是居住的地方。

公路暫時離開海岸，翻過一座山坡後，左前方突然出現光燦耀眼的海。陽光普照，海水層層變色。青、藍、綠、碧……，任何文字都形容不出那美。海濱不寬，海岸大道旁高樓建築林立。最靠近海灘的海水顏色清澈得近乎透明。我看呆了，內心呢喃說：「這太過分了吧！」

不單是海的顏色美麗。大自然柔順地伺候人類到這種地步，讓我覺得有點不可原諒。

我看過不少美麗的海岸，但沒看過這樣人工化卻也這樣完美的海岸。或許，在每天坐這巴士通勤的乘客眼中，是無動於衷的風景。但我還是自言自語地繼續呢喃，這太過分了吧！

**這就是終點了嗎？**

我本來就不打算留在尼斯，在巴士上看到那樣的海後，更覺得沒有滯留的必要。因為尼斯不會給沒錢的我比那海景更好的禮物。

在市場匆匆買好食物，就搭上下午一點的車前往馬賽。尼斯到馬賽要四個小時車程，時間和坐長途巴士差不多。票價二十八法郎、約一千七百日圓。

但是這輛車毫無長途巴士的趣味。只是行程較遠的市公車，乘客既無旅行的華麗心情，司機的態度也平淡無奇。途中，在一個小鎮休息十五分鐘，時間一到就開車。司機沒有清點一下乘客人數，因此開了不遠就發現一個中年婦女在後面拚命追趕。沒有人擔心時間到了還沒上車的乘客。或者這就是法國式也說不定。

天快黑時抵達馬賽。我在聖夏爾火車站（St. Charles）附近找到廉價旅館，行李安置好後便到街上閒逛。

我從雅典街直直走到卡聶比耶街（La Canebiere），來到繫著大大小小遊艇的港口。我在海岸閒晃，看看餐廳的菜單，又在海岸閒晃。

終於打算吃飯了，我想吃馬賽的名菜，但聞到一股烤肉香味。我聞香而去，看到巷子裡有家門口在烤羊肉的餐廳。我在土耳其時常吃這種烤羊肉三明治，感覺好懷念。我問正在燒烤的阿拉伯人能幫我弄一份三明治嗎？他說沒問題。同樣是用細長尖刀把烤羊肉片得薄薄的，在麵包裡鋪上萵苣後，再夾進烤羊肉。唯一不同的是，麵包從土耳其的橄欖型麵包變成法國的棍棒麵包。

我坐在水泥護堤上，面對海水，大啖烤羊肉三明治。肉汁滿口時，我想起灰塵瀰漫的伊斯坦堡街頭。

我繼續閒逛，看到一家電影院。上映楊波貝蒙主演的懸疑片。我在馬來西亞的麻六甲看過李諾．班卻拉演的黑道片；在希臘的帕特雷看過亞蘭德倫和約翰蓋文合演的劇情片；在這裡，我也得瞻仰一下楊波貝蒙的懸疑片。

不到兩個小時，楊波貝蒙死了，電影也結束。

走出電影院後，想不起要做什麼。我豎起外套領子，又漫步夜路上。

走著走著，什麼也沒發生。過去的遭遇都是別人主動，我在這什麼也沒發生的城市裡像個透明人般走著。雙腳自然地走向聖夏爾車站。

馬賽最大的火車站在一塊高台上，我爬上長長的階梯走進車站。看著貼在牆上的時刻表，馬賽和巴黎間差不多每一小時就有一輛快車或特快車往來。

馬賽二一：二五——六：〇〇巴黎
馬賽二二：三八——七：四五巴黎
馬賽二三：四九——八：二二巴黎

所需時間不過八、九個小時。我若趕回旅館拿行李，搭乘晚間十一點四十九分開的特快車，明天上午八點二十二分就會抵達巴黎。巴黎似乎就在眼前了。

不只是火車。我也查過馬賽直達巴黎的巴士，所需時間僅十二個小時，朝發夜至。不論坐哪一種，明天就已身在巴黎了。

我雖然這麼想，心情卻不浮躁。明天若在巴黎，那麼就只剩下從巴黎到倫敦之旅了，馬賽已是我這趟路線不定、隨心所欲的旅程的實質終點。

我不經意地抽出放在旅行社前面箱子裡的藍色傳單，那是馬賽和北非的汽車渡輪時刻表。

馬賽不但有船到阿爾及耳（Algiers，北非阿爾及利亞首都及海港——譯注），也有船到奧蘭（Oran，北非阿爾及利亞奧蘭省海港——譯注）：卡繆那如詩散文所描寫的美麗奧蘭。只要坐上中午開的船，隔天早上就能到達。

我走出車站，站在階梯上，朝著和港口相反的方向。低聲說著，終於來到這裡了！可是絲毫沒有「終於來到這裡了」的實際感受。

「這裡就是我旅途的終點嗎……」

我腦中浮現歐洲地圖。此刻我正在伊比利半島的起點。若背對地中海，向著大西洋直線前進，一天的時間就會到達巴黎。旅行是在這裡結束沒錯，但是我怎麼也感覺不到這裡就是旅程的終點。我自己也不知道要到哪裡才覺得滿足。只是很清楚地知道不是這裡。不是這裡，不是這裡。

如果是這樣，是否再繼續旅行一段時間較好呢？前面是巴黎，後面是北非，左去則可深入伊比利半島。不妨先去西班牙看看，再到葡萄牙的里斯本。如果在那歐亞大陸盡頭的里斯本還得不到滿足……再去非洲也行。

危險，危險！不知哪裡傳來這聲音。說這樣下去或許會永遠錯失時機，也永遠結束不了旅行啊！

# 第十七章 海角之岬

## 南歐（二）

## 1

我一口氣從法國的馬賽趕到西班牙的馬德里（Madrid）。只在巴塞隆納（Barcelona）和瓦倫西亞（Valencia）各住了一晚，第三天就抵達馬德里。

傍晚，巴士抵達後，找到廉價旅館，在附近餐廳吃完簡單的晚餐就睡了。一早起來，也不知道究竟急些什麼，跑到市場買了麵包、火腿和橘子，當天就坐上開往下個城市的巴士。在瓦倫西亞廉價旅館遇到的美國女孩聽說我只在巴塞隆納住了一天，憐憫地說真是浪費。大概真是這樣吧！但是我覺得還有比高第（Antoni Gaudi，一八五二—一九二六，西班牙建築師，主要作品幾乎都在巴塞隆納或其附近——譯注）和畢卡索更重要的東西。我也就在不明所以的情況下先趕到馬德里再說。

### 旅行的記憶

對我來說，巴塞隆納是老人和小孩的城市。

開往瓦倫西亞的巴士是下午開車，我把行李寄放在舊市區的廉價旅館裡，到附近散步。

小公園裡，一群老人在玩滾球遊戲。我站在旁邊觀看時，一個老人把鐵球遞給我，讓我玩玩看。我雖然不知道遊戲規則，但猜想這和彈玻璃珠差不多，於是瞄準幾個滾動的球滾過去。準準地撞到兩個，但是老人卻都哈哈大笑。看來不單純是撞到就好。我搖搖頭表示不行，他們就親切地點頭說是啊是啊，做出你繼續在旁邊看的動作。

我坐在旁邊的椅子上，拿出筆記本素描老人滾球的風景。

我沒有專門的寫生簿，筆也只是普通的原子筆。以前我逛街時，背袋裡總放著照相機。但在伊斯坦堡想賣而賣不成後，認為不再有機會用它換錢了，因此用得特別兇。這做法似乎惹惱了照相機，也經常給我鬧情緒。在羅馬時還能湊合著用用，到佛羅倫斯以後索性鬧起罷工。我好幾次安慰它，請它老實上工，它就是堅決說不。尼康真是個頑固的傢伙！我也死心了，反正你就只有拍紀念照的本事，那些美麗的風景也不是靠你記錄，而是刻在我自己的腦子裡，你還敢使性子鬧罷工給我添麻煩，索性就塞到背包底層去吧！

可是，帶著照相機時，不見得所有景觀都想拍下來，一旦不帶後，卻又覺得很多事物沒留下影像紀錄，有點可惜。街景、人物，都想照下來。沒辦法，只好先素描在隨身的筆記本上。

我外行地動著原子筆，這時一個七、八歲的男孩靠過來。看著我的寫生問：「你在畫畫嗎？」

「是啊。」

「你是畫家？」

「不是。」

「你是畫家吧！」

他的視線投在我的外套上。我恍然大悟。我還穿著羅馬穿來的那件畫家工作外套，衣服上到處沾著顏料。穿著這件外套寫生，小孩當然以為我是畫家。畢竟，以這小孩的年齡，看不出我的畫是多麼拙劣。這時，我暗自決定，暫時充當個業餘畫家吧！

「對，我是畫家。」

「畫得真好！」

應該不會吧！但在小孩眼中或許真的如此。

「謝謝。」

我說完，訝異自己竟然用的是西班牙語。剛才那些老人說的是加泰隆尼亞（Catalonia）語，我完全聽不懂，但是這個小孩的西班牙語我卻完全理解。不僅理解，還能用西班牙語單字回答。

我讀書時學的西班牙文突然復甦了：一、二、三、四、五、六、七、八、九、十。星期一、星期二、星期三、星期四、星期五、星期六、星期日。你好嗎？現在幾點？這個多少錢？

常用會話像一時遺忘的歌詞般一一想起。我高興地繼續說著，男孩也隨著糾正我的發音。

大學讀的西班牙文並沒有浪費。有關十六世紀傳教士報告的考題也不是完全沒有意義。

西班牙語教學告一段落後，男孩怯怯地問：「你會畫狗嗎？」

試試看吧！我有些得意忘形地畫了，小孩狐疑地問：「這是狗？」

說是狐狸還更接近。但是我很嚴肅地宣稱：「這是日本狗！」

男孩等我畫完，興奮地拿著那張畫喊著「日本狗、日本狗」跑回家。我為大大傷害日本狗的形象而愧疚，也祈禱有一天能有機會糾正我給那小孩的錯誤知識。

男孩走了，沒多久，老人也不見了。他們一不在，冬天的公園更顯冷清。

我坐在椅子上想著，會搭理旅人的只有老人和小孩。一般人除了做觀光客生意的，沒有人會多看旅人一眼。我在任何時候經過任何地方，總是只有老人和小孩當我是旅人。我很清楚，不能因為這樣就感傷。因為有正經事要做的大人沒有應付旅人的閒功夫。

我在巴塞隆納的記憶只有老人和小孩，在瓦倫西亞就只有市場。

瓦倫西亞的市場位在市中心的墨卡多廣場（Plaza del Mercado）。抵達翌日，在等候轉往馬德里的時間進去逛逛。一進去就眼睛一亮。成百成千的小小店面裡肉、魚、蔬菜、水果、乾貨、乳製品等應有盡有。不只是店家數目之多和商品數量之豐富讓我感到興奮，而是整個市場充斥的活力。離開香港以後，似乎沒再看過這樣充滿活力的市場。讓我有這種感覺的最大理由，大概是肉類之外，蝦子、魷魚、章魚、牡蠣、蚌殼等魚貝類也數量豐富吧！光是看到水漬新鮮的魚貝類就覺得興奮。

而且，攤販不只是中年男女，還有兩頰紅潤的漂亮姑娘。肉店的攤販是個妙齡女郎，因為笑容太可愛了，我買了火腿後又忍不住多買了香腸。火腿一百公克十披索、只五十日圓左右，讓我有些大意，冒冒失失地就買了價錢貴一倍的香腸，不過，也只是一百一十圓而已。

## 刺激的馬德里第一夜

從巴塞隆納到瓦倫西亞，一路上沿海而行。那天風特別大，地中海波濤洶湧。海浪打上岸邊的岩石，迸碎成千萬顆水珠在風中飛舞。

從瓦倫西亞到馬德里，夕陽一路伴車行。車子一直開在平原上，國道兩側應該都是田地，可能因為冬天的緣故，沒長作物，看起來像平原。碩大的西班牙夕陽緩緩沉落在那平原下……。

到達馬德里的巴士南站時，已經過了晚上八點。

我先到太陽門（Puerta del Sol），因為聽說太陽門到馬約爾廣場（Plaza Mayor）一帶有幾家廉價旅館。我到旅遊中心打聽，巴士南站正好在地下鐵的福隆泰站的正上方，可以直接轉搭地鐵去太陽門。

在太陽門站走出地鐵，問路人馬約爾廣場的方向。依言前去，果然看到像是旅館的建築物。第二家的女老闆給我的感覺很好，我決定住在這裡。一晚一百二十披索。

我安頓好行李立刻外出，肚子餓得受不了。

馬約爾廣場一帶有好幾個酒吧，每一家都很熱鬧。我走進一家客人多半站著喝酒的熱鬧酒館。

裡面很暗，我一時不知如何是好，一個正和女友共飲的男人招呼我，「葡萄酒嗎？」他說的是英語。

「唔！」

酒保給我一杯紅酒。他搶著幫我付帳。我把錢還給他時，他笑著不肯接受。

「旅行嗎？」

「是啊！」

「馬德里待多久了？」

「剛到。」

「你從哪裡來？」
「瓦倫西亞。」我說完，發現他可能是問我哪裡人，於是改口說：「日本。」
「旅行多久了？」
「快一年了。」
「怎麼走的？」
「離開日本時是春天……」
他露出訝異的表情，和女友用西班牙語交談後又問我：「她想知道你走過哪些地方？」
我於是列舉經過的地名，他更加訝異，終於聽到我說馬德里的時候笑著說：「真厲害！」
的確，此外還能說什麼？
我們繼續喝酒，杯子一空他就幫我叫酒，而且一直付費到最後。
他不只請我喝酒。我們邊喝邊聊時，我看到其他酒客面前多半有橄欖或小蝦米之類的下酒小菜。他好像知道我要什麼，幫我拿來一碟小蝦。這種只用鐵板烘烤的小蝦非常鮮美。
我看看時間差不多時向他們告別，改到附近的酒館繼續喝。
酒館生意不一，有的店爆滿，有的門可羅雀。不同的酒館有不同的下酒菜，橄欖是每一家都有，沒有小蝦的就有炸花枝，或是各種貝類、沙丁魚，甚至有馬鈴薯沙拉。

我看中一家走進去，點了一杯葡萄酒和一碟小菜，吃喝完畢後必定有人跟我搭訕，當然又被請一杯。我真的很久沒有享受喝酒的樂趣了。或許我是喜歡酒場的氣氛甚於喜歡喝酒。旅行以來，這還是頭一次在酒館享受喝酒的樂趣。

不經意瞄到手錶，已是凌晨三點。我趕忙回旅館。

可是一家接一家的酒館喝完出來，我好像失去了方向感，四處摸索回旅館的路。好不容易找到時卻是大門緊閉，怎麼推它拉它都文風不動。我四處張望，也沒有門鈴。

記得出來時女老闆很熱心地跟我說些什麼，大概就是囑咐怎麼應付這情況吧！那時我因為聽不懂，沒放在心上。我有點後悔，但已經來不及。好像是被旅館掃地出門般。

糟糕，怎麼辦？索性再找家酒館混到天亮嗎？這時，迎面走來一個年輕人。像是深更半夜還在街上徘徊的人。我擔心捲入麻煩事情，心下提防著，但他經過時突然叫我，嚇我一跳。

「怎麼啦？」

他重複了兩次，我聽出他聲音裡的親切，面對他做個轉鑰匙的動作，再聳聳肩。他露出親切的笑容，點點頭，像要我把問題交給他似的。我好奇他會怎麼做。只見他用力拍掌。啪、啪、啪的聲音響徹深夜的街頭。

沒多久，一個中年的夜間警衛從轉角繞過來，年輕人看到他，揮揮手便離開。他好像也在別的地方做同樣的差事。

我還沒開口說話，警衛便從掛在腰間的一串鑰匙中挑出一支打開大門。我想，這時候應該給點小費的，我給他五披索，他好像要說什麼，但又一副算了的表情離開。或許行情是十披索。

那天，我上床時已經清晨五點。馬德里的夜可以說從第一天開始就充滿刺激。

## 2

有關歐洲的冬天，我聽聞許多許多。陰暗、寒冷，尤其寂寞。

我雖然身處歐洲，但因為都是在地中海沿岸的南歐地區移動，不覺得歐洲那麼陰暗寒冷。人們警告我，馬德里雖然是陽光國家的首都，但因位處海拔六百五十公尺的內陸高地，冬天相當寒冷。我已有心理準備，沒想到不但白晝溫暖，早晚也不至於冷得縮頭縮腳。

陰暗寒冷不是問題，唯一的困擾是星期天。對旅行歐洲的人來說，星期天真是可怕的一日。政府機關和銀行當然休息，一般商店也一家家緊閉不開。從香港到土耳其，我沒碰到這種情況，通常越是星期假日越熱鬧。但在歐洲，不僅家具、服飾等非民生用品的店鋪打烊，連維繫窮困旅人命脈的麵包店、小餐館都閉門謝客。如果星期六糊裡糊塗忘記採購存糧，第二天就只好找週日也營業的大餐廳，多出預定的開銷。

對窮旅人來說，星期天的可怕，不只是開銷增加，還有街上人氣稀少，晚上更是行人絕跡。感覺自己像是完全孤獨存在的一個人。

幸好，馬德里的星期天有點不同。大部分商店還是歇業，街上奔馳的汽車也少，不過，還是有讓人感覺開朗快活的事物。其他城市也有親子、情侶和樂攜手漫步街頭的景觀，但馬德里給人的感覺最溫馨。

不只如此，馬德里的星期天還有「跳蚤市場」（rastro）。那裡人潮擁擠，有一種獨特的溫暖感覺。

## 馬德里的跳蚤市場

馬德里的跳蚤市場在聖伊西德羅大教堂（Catedral San Isidro）南方的卡斯科洛廣場（Pl. de Cascorro）附近。

上午十點剛過，這一帶的馬路巷道就已擠得寸步難行。有些外國人說最近這裡欠缺觀光趣味，變得無趣了。可是實際走一遭後，感覺處處充滿粉碎那種說法的魄力。

從十字架到馬桶，攤子上擺滿各式各樣的東西。日用雜貨、餐具、古董、繪畫、舊書、舊衣、首飾、廢鐵、玩具、鞋子、皮包、狗、貓、小鳥等應有盡有。不只是觀光客，馬德里人也擠在人群中吃力地移動腳步、細細巡看每一樣貨品。

傳說有人在這裡買到哥雅（Frincisco Goya）的真跡。一個業餘畫家迷在這裡閒逛時，發現一個舊貨攤的墊子上隨意擺著哥雅風格的作品。他當然以為是贗品。詢問價錢，老闆開價一千披索，他就照價買回家。但是仔細檢查後，發現那是如假包換的哥雅真跡。結果以兩百萬披索轉賣出去。

我在日本看過的一本書說，這是馬德里跳蚤市場有名的傳說。當然，讀者羨慕的是以一千披索賺得兩百萬披索的畫迷。可是我更在意那以一千披索賣掉哥雅真跡的舊貨攤老闆。他要是知道了、懊惱之餘豈不發瘋？就算不這樣，也會一輩子讓同行或老婆瞧不起。想到他的後來，心情有些沉重。

但我實際走過跳蚤市場後，前面那種想法一掃而空。我發現賣古董和繪畫的攤子老闆，個個狡獪精明。形同破爛的古董、不值錢的繪畫，他們都會弄點小技巧讓畫迷以為「可能是」真品。畫迷邊開玩笑邊精明衡量那些古董、繪畫。其實這只是老闆和畫迷之間互耍心機，不必因為某一方吃虧而寄予同情。舊貨攤老闆明知不是哥雅的真跡，還是裝上看起來像是哥雅真跡的畫框，畫迷因此上當，沒想到竟然是真跡，不過是單純的偶然。

我也不是漫無目標地逛跳蚤市場。我想買賈西亞—洛爾卡（Federico Garcia Lorca，一八九八—一九三六，西班牙詩人、劇作家，題材廣泛，富於地方合民間色彩——譯注）的書。

關於洛爾卡，我除了知道他是西班牙內戰中遭叛軍殺害的共和派詩人外，其他所知不多，但是我很喜歡他留下的戲劇作品〈血腥婚禮（Bodas de Sangre）〉。很想知道那種血肉模糊的悲劇世界是用什麼樣的語言寫下的……，我大學第二外國語選修西班牙文的唯一理由在此。但是，我在日本找不到西文版的洛爾卡，西書店只有法語版。佛朗哥統治下的西班牙，共和派的洛爾卡作品幾被視為禁書。之後，我對西班牙文僅有的熱情也在那專攻日歐外交史的老師要我們讀久遠以前傳教士的報告中消失無蹤。

如果跳蚤市場的舊書攤有洛爾卡，我當然想買回去。不是出於或可重燃對西班牙文學習熱誠的如意算盤，只是想當作我西班牙之行的唯一紀念。

我找了幾家都沒有。洛爾卡的書還是不能明目張膽地販售吧！我走進一家賣場面積較大的舊書店，這家店好像是家族經營，父子三人一同看店。我低聲問最靠近我的十六、七歲男孩。

「有賈西亞—洛爾卡的書嗎？」

他好像沒聽懂我，愣愣地看著我，我再重複一遍後，他立刻大聲回應：「洛爾卡？有一本。」

我要過來看，是收集〈血腥婚禮〉、〈葉爾瑪（Yerma）〉和〈貝爾納德·阿爾瓦之家（La Casa de Bernarda Alba）〉三大悲劇的一本書。裝訂堅實，但一千六百披索的價錢我買不下手。

不過，他這麼大剌剌地說出洛爾卡的名字，比真的有賣洛爾卡的書還令我意外。既然這樣，耐著性子再找找，或許可以找到便宜一點的。找著找著，有個像是很懂書的老人獨自顧守的攤子。

「有洛爾卡的書嗎？」

我用普通聲調說，他迅速瞥我一眼，

「沒有，」接著又尖聲說：「這種話不能隨便亂講！」

他緊張地四處張望，周圍只有稀疏的找書客人，但是那份緊張也傳給了我，我默默地點點頭，悄悄離開。

置身人群中，我邊走邊想究竟哪個才是真的？少年的不當一回事是現代的西班牙感受呢？還是老人的小心翼翼是現代西班牙所需要的？那只是年齡差距所造成的不同反應嗎？我無法判斷。

## 一知半解最危險

馬德里的星期天不像其他歐洲城市那麼無聊，除了跳蚤市場外，或許還有酒館的因素。馬德里的酒館在星期天夜裡照常營業，喝酒的人特別多。我一喝酒，就有人跟我搭訕。聊的都是無聊事，但足以排遣週日夜晚的寂寞。

我在馬德里常常看到日本年輕人。但是很少交談。才一對眼，對方就移開視線。起初我不明白為什麼，很快就發現他們把我當成看到他們自己模樣的鏡子：瘦削、寒酸、了無生氣。他們不想看到這樣的自己。或許，不只是他們這樣想而已。

馬德里有一家日本嬉皮愛去的餐館「奇蹟之家」。只因為價錢像奇蹟般便宜，日本人如此稱呼它。我在伊斯坦堡碰到的日本人畫了地圖給我，勸我一定要去看看。

那天午餐時間我去了，店內擠滿日本的窮困旅人。幾乎都是孤獨一人，埋頭吃著套餐。價錢確實便宜，可是我沒有食慾，或許我也不想在那些日本人身上看到我自己的模樣。奇怪的是，緊跟著我後面進來的兩個西班牙人，看到店裡滿是日本人就皺眉癟嘴，我看到他們那樣子，無端冒起火來。或許我也敏感地以為那是對我的不屑吧！

不過，在酒館裡主動和我搭訕的日本年輕商社職員是唯一的例外。

他不喜歡西班牙人，臭罵他們的工作態度和他們的國民性一樣惡劣。我聽著他斷然的語氣，心想不該那麼輕易做結論的。外國的事情不是那麼容易了解的。

「我所知道的，就是我還有很多不知道的。」

我心中嘀咕著，猛地想到，有人說過這句話吧！

沒錯，是在泰國，在宋卡飯店認識的派駐曼谷的日本夫婦，有天晚上一起在飯店的酒吧喝酒。那位先生對泰國很清楚，解答好幾個我對泰國和泰國人的疑問。

但是閒聊一陣後，那位先生突然正色說：「我根本不懂外國。」

我很意外。我不敢問他究竟從事什麼職業，但從之前的談話中知道他對泰國的政治經濟都知之甚詳。

「外國是我們不了解的！」他像自言自語地說後，又加上一句：「我真正知道的，或許就是我還有很多不知道的。」

「可是從你剛剛的談話中，我好像有點了解泰國了。」我說。

他苦笑著：「不行，想以那一點點知識去了解一個國家是很危險的。」

我反駁說：「是嗎？」

他繼續說：「環境情勢時有變化，所有的資訊經過一年就舊了，而且所謂的經驗也常常是片面的經歷。」

確實如此。

「不知道就說不知道，知道自己不懂後，有需要時再從頭調查。如果只是一知半解，很可能作出完全錯誤的結論。」

或許吧！我附和他說。

「不論在那個國家待多久，承認自己完全不懂的人，結果才不會出錯。」

的確。日本是有一些人，只在國外滯留短短期間，便好像了解一切似的高談闊論或著書立說。就像在日本住過短期間的外國人，回到自己國家後便寫寫說說偏離事實的日本論一樣。日本人的外國論未必不流於此弊。因此他那句「我所知道的就是我還有很多不知道的」清晰地迴響耳畔。

「沒錯，我所知道的就是我還有很多不知道的……」

懶惰、蠻橫、不負責任、牢騷。無法區分西班牙和西班牙人的年輕商社職員，到西班牙已經一年半。我突然問他對跳蚤市場舊書攤販對洛爾卡的書不同反應的看法。但他毫不關心那話題，很乾脆地說不是你聽錯了老人的話，就是老人故意嚇唬你。或許真是這樣。但是那老人的緊張表情不像是開玩笑。

我不懂是怎麼回事……。

## 心中充滿虛無

說到不懂，我還真的不懂酒館裡的馬德里人為什麼請我喝酒。是因為我是東方人嗎？還是因為我是長途旅人？

想到這件事，我就介意起自己在酒館裡的舉止。別人問我走過哪些地方，我就滔滔不絕地談起這一路走來的漫長路線。訴說之間，他們請我喝酒。我好像是兜售旅行故事的藝人。於是從那一晚開始，我幾乎不談我的旅行。可是，馬德里人還是照樣請我喝酒。雖然可以簡單地解釋因為他們是西班牙人嘛，但深入去想，為什麼西班牙人就會請我喝酒？還是一頭霧水。

不論如何，讓人請客已讓我感覺不自在，無法再坦然接受別人的請酒。

不能再在酒館裡輕鬆說笑後，我不知道在這馬德里還有什麼可做的事情。

白天漫步街頭，駐足公園教堂。夜晚不去餐廳，直接去酒館。一家喝過一家，葡萄酒和各種小菜塞滿肚子。每個地方都不缺談話的對象，即使如此，還是排解不了冬夜的寂寞。

因此，從酒館回旅館的途中，我也順路去遊樂場瞧瞧。太陽門和葛蘭大道一帶的遊樂場隨時窩著寂寞的年輕人，默默地操控各種遊戲機。聽得見的只是遊戲機發出的電子和金屬音響。在那寂寞的噪音中感到格外地放鬆。都市裡面什麼都可以沒有，唯有遊樂場不可或缺。我心中嘀咕，繼續玩著遊戲……。

那晚，在酒館結結實實地喝完酒，歸途時順路去遊樂場。那天手氣出奇地順，只投一次代幣便足足玩上三十分鐘。

但是，在回旅館途中，我突然感到一陣重重的虛脫感。感覺身體非常倦怠，周圍的建築似乎都壓到身上。

「我究竟在這裡幹什麼……」

我覺得自己極度無聊，好像不是自己。如果這一瞬間遭搶遇刺，我會把自己這毫無意義的身軀衝向利刃。

「讓吾等之無為無……」

海明威短篇小說裡主角說的話脫口而出。我記得那個主角酒保漫步的確實是西班牙的街道，不記得是馬德里還是巴塞隆納，但仍清楚記得他將聖經章句改頭換面後說出的台詞。

「但願如心中無名、無國一般，將此無上之無賜予吾等為日常之無，如同吾等化無為無般，化吾等之無為無。」

主角午夜下班後到另一家酒館，那家店的酒保問他要喝什麼，他回答說「無」。那酒保轉過臉去嘀咕，「又一個瘋子來了。」

現在的我在酒館裡，即使被問要喝什麼時也不會說「無」。因為我就是無本身。現在的我就像是無中之無。即使被刀子割裂，也只能洩出空氣而已……。

我憂慮自己對自我生命的毫不關心，急步走在深夜的馬德里街頭。

## 3

巴士窗外一片漆黑。我額頭靠著車窗，一直看著街燈還未熄滅的馬德里清晨，城市依然沉睡中。我坐上這班清晨六點開的巴士去里斯本。

里斯本是歐亞大陸的盡頭。來到這裡，可以說是無路可走了。到了里斯本，接下來只能折返巴黎、邁向倫敦了。或許這是我的最後之旅。我望著昏暗中漸漸遠去的馬德里街景，心緒有點感傷。

可是，在上巴士以前，我並沒有這種感傷。

決定坐這班巴士的過程相當曲折。我的目的地雖然是里斯本，但巴士並不開往里斯本，只到西班牙和葡萄牙國境交界處的小鎮巴達霍斯（Badajoz）。

前一天我去查看往里斯本的巴士時刻表，巴士南站的詢問處照例告訴我「沒有那種巴士」。我再問有沒有到葡萄牙邊境的巴士，總算有人告訴我北站有車開往巴達霍斯。我再問往巴達霍斯的巴士時間時，他們就不耐煩地說別站的事情他們不知道，把我轟了出來。

我先回太陽門，盤算要去哪裡查問。通常去旅遊服務處詢問就行了，不巧是星期天，沒上班。而且北站距離我住的地方很遠，直接去問很麻煩。我邊走邊想該怎麼辦時，來到葛蘭大道附近一家大飯店前。

我靈機一動，跑進去問接待處的男職員，「我想查一下去里斯本的巴士時刻表，可不可以給我看一下？」他迅速從抽屜裡拿出好幾張訂在一起的時刻表，一邊說明一邊指給我看。確實沒有巴士直達里斯本，只到國境小鎮巴達霍斯。他說，你不妨先到巴達霍斯看看，明天早上六點有一班車。

那晚回旅館後先和櫃檯結帳，怕明天太早趕不及辦。可是明明講好一晚一百二十披索的，女老闆卻說是一百五十披索。一天差個三十，一個星期就是一筆不小的數目。我堅決不肯讓步，女老闆夥同她女兒一起爭論，最後各讓一步。雖然女老闆人不錯，我住得也舒服，但最後卻這樣爭執，我有點遺憾。

回到房間，心情平靜下來後，想起當初問房價時因為不懂西班牙話，特別要她用寫的。我趕緊從背包側袋找出那張紙。沒錯，是女老闆的筆跡，寫著「120」。我正要拿去理論時，又發現好像是「150」。5的頭很小，尾巴還有奇怪的裝飾，我因此看成2了。這真糟糕，明天早上離開時再補她差價吧！可是第二天早上我才開個頭，她以為我還要殺價，氣沖沖地叫我趕快滾。我生氣了，那就算了，氣呼呼地離開。

因為時間很趕，我想坐計程車去北站。我氣呼呼地坐上停在路邊的計程車時才發覺不妙。開車瞬間，二十披索的計費錶立刻喀嚓一聲跳到二十一。我是第一次坐，不知道怎麼計費，甚至沒確認他有否重新按錶。可是人已經坐上車。沒辦法了！能不能趕上巴士比車資還讓我擔心。總算在預定時間到達北站，付車錢時又起糾紛。計費錶上是五十披索。我給他六十披索，他說不夠，要七十披索。我問為什麼？他說二十披索是行李費。我知道一大件行李要十披索，所以我多付背包份的十披索。但他說你肩上掛的背袋也算。我這下生氣了，用日語罵他別開玩笑！把六十披索摔給他就下車。

我看他也沒追來，大概也是唬我的。沒想到離開馬德里時，接二連三發生讓人不爽的事情，讓我有些悵惘。因此開車不久，我就陷入告別馬德里的感傷情緒裡。

## 哭泣的小女孩

我可以清楚地看見天上的星星在眨眼。

穿過馬德里市區，巴士立刻駛入鄉村地帶。照亮昏暗道路的只有街燈和巴士的大燈。東邊的山峰稜線已開始抹上橙色。天色漸漸變亮。

車子在一個小站和加油站前停車，分別載上幾位乘客。

小站那邊上來一個小女孩，一坐到我前面，就看著窗外開始哭。旁邊坐的是不像她母親的年輕漂亮女人，拚命安慰她。但是小女孩依舊悲傷地哭個不停。

我窺看她的樣子，忍不住想多管閒事，我拍拍小女孩的肩膀，她驚愕地回過頭來，我給她一顆糖。她猶豫一下，立刻說聲謝謝接下。拿給旁邊的女人看後，剝開包裝紙，把糖放進嘴裡。小女孩因此停止哭泣，年輕女人轉過臉來像說謝謝似的點個頭。其實也沒什麼。沒有人會一面吃糖一面哭吧！

冬天的原野上只有橄欖樹和無止無盡的輸電線。不久，看到河流。這條河流入大西洋嗎？若是，那麼我和這條河是同一方向。

看不見河後，馬路兩側便是遼闊的牧草地，羊群低頭吃草。

突然，一片濃霧飄來，覆蓋一切。在幾乎伸手不見五指的霧中，對面猛然竄出一輛車，車上乘客驚出一身冷汗。

霧散之後，右邊有個湖泊。不，可能還是河流。風景隨著天候時時刻刻變化，只能確定我們是從高地開往低地。

右方遠處的小高丘上，有座城牆圍繞的小鎮。再往前走，是片巨石散置的原野，電線杆上垂落幾根電線，更添荒涼的印象。

原野中散見小小村落。經過這些村落後，是棟紅色高牆圍繞的建築，是監獄嗎？有幾個乘客在此下車。

又起霧了。等到霧散景清時，看到農夫在橄欖樹園裡摘果。

前座的小女孩回過頭來問能不能坐到我旁邊，我表示歡迎。我們用有限的西班牙語單字交談。

名字？幾歲？去哪裡？喜歡什麼？

即使這樣，還是充滿談話的樂趣。

伊莎蓓爾。八歲。卡賽雷斯。爸爸……。

不久，車近卡賽雷斯鎮（Caceres）。路標寫著距離葡萄牙一〇七公里。

在她下車前，我們交換地址。她把我寫給她的紙片慎重地收在小皮包裡。說這是我的「***」。我沒聽懂那個單字，但不像是悲傷的字眼。

大部分乘客在這裡下車，立刻四處散去。伊莎蓓爾和她同行的女人一直目送巴士開走。我還是沒搞清楚伊莎蓓爾和那女人是什麼關係？她又為什麼哭泣？我知道的就只是我還有很多不知道的事。不只是一個國家的國情和國民性，就連一個小女孩、一個女人也一樣。我向她們揮手，口中呢喃著，我所知道的就是我還有很多不知道的事。

## 在墳場上車的年輕人

正午過後，車子抵達巴達霍斯。打聽之後，幸運地當天就能前往里斯本。先到卡亞鎮，越過西班牙和葡萄牙國境，再到艾瓦斯鎮（Elvas），有車開往里斯本。

三十分鐘後，巴達霍斯開往卡亞的巴士出發。巴達霍斯距離卡亞意外的近，十五分鐘不到就到達國境。我蓋好葡萄牙的入境章，再換巴士到艾瓦斯，也是不到十五分鐘的距離。

我問過艾瓦斯車站的人，知道往里斯本的巴士下午四點開車。我以為要等三個小時，其實不然。西班牙和葡萄牙之間有一個小時的時差，無須等到四點。

也因為時間的關係，我可以走遍艾瓦斯這邊城小鎮的每個角落。從市郊的古城牆遠眺讓人心靈清新的葡萄牙寧靜鄉村。

開往里斯本的巴士下午四點準時出發。

沿途風景漸漸不同於西班牙。一切都像小了一號，而且顯得貧瘠。

司機為了載客，在好幾個白牆圍繞的小鎮停車。上車的人多，很少有人下車，那感覺和離開馬德里時不一樣，是因為接近大都市里斯本的關係嗎？

一頭馱著貨車的驢子停在馬路中間不動，巴士也跟著進退不得。但是沒有人抱怨，靜靜地等待驢子主動走開。

夕陽沉落坡度和緩的丘陵地帶。太陽一沉入地平線，山丘、樹木都襯著紅色背景浮現美麗的剪影。

途中一個小鎮，停車休息時間較長。我喝喝果汁，在車站附近打轉，發現前面就是一片墳場。陰暗的墳場裡模糊可見白色的墓碑和十字架。不問東西，夜晚的墳場總是讓人感覺不太舒服。

再上車後，我旁邊坐了個奇怪的年輕人。他完全沒帶行李，頭髮很長，不過，牛仔褲配毛衣的裝扮，看起來很普通。

車開不久，他就用流利的英語跟我搭訕，嚇我一跳。

「你看過上帝嗎？」

他一開口就問。

「什麼？」

我心想沒搞錯吧！他卻又問起完全無關的另一個問題。

「旅行嗎？」

我說是，他問去哪裡？我說里斯本，他又問：「做什麼？」

這問題很不好回答，於是我反問他你去哪裡？他說了一個我不知道的地名。

「法蒂瑪（Fatima）。」

「做什麼？」

「去見上帝。」

我知道他不是在開玩笑，但無法接腔。

「我見過上帝。」

「……」

我沉默以對，他又問：「你相信上帝的愛嗎？」

我連上帝的存在都難以相信。但是這樣回答後，他立刻連珠炮似的追問我。

「你為什麼活著？」

「……」

「你為什麼旅行？」

我被他問倒，還是無言以對，他卻像唱歌似的說：「等你相信上帝的愛時，就會知道為什麼要旅行了。」

什麼？相信上帝的愛時就會知道我旅行的理由？即使不相信上帝的愛，我也知道我旅行的理由。我只是不知道能不能從德里一路順利地坐野雞車到倫敦罷了……。

我雖然在他的表情上看到狂熱的氣息，但無法對他的話語付之一笑。我為什麼旅行呢？為什麼不朝著目的地倫敦，而跑到這個地方徘徊呢？但也不能因此把這趟旅行和他的上帝連在一起。

看到一座大橋，對岸有廣闊的光點群。巴士下坡渡過長橋，就是里斯本了。

下車時我問他：「你是哪裡人？」

因為他的英語沒有西班牙或葡萄牙腔，好像母語就是英語。

他卻像完全失去對我的關心般了無生氣地說：「已經忘了……」

那時，我想起他是在墳場那一站上車的，一陣寒意滑過脊背。

## 4

在里斯本的第一個早晨並不舒適愉快。

像往常一樣，我初到新城市的翌晨醒來瞬間，體內就充滿「到街上走走」的活力，可是這天早上我卻躺在床上不想動。人是有點累，畢竟一天之內就從馬德里趕到里斯本。但我覺得葡萄牙這個國家、里斯本這個城市平板無奇的感覺更讓我提不起勁。我不顧一切來到歐亞大陸的盡頭，但對這葡萄牙和里斯本卻一無所知，真是散漫至極！

我躺在床上，板著指頭努力數著我對葡萄牙和里斯本知道多少？

在戰國時代的日本，葡萄牙是第一個貿易對手國。也是葡萄牙人將火繩槍傳入種子島。

還有傳教士。許多葡萄牙的傳教士搭乘「南蠻船」來日，其中包括我那西班牙文老師熱切述說的耶穌會傳教士路易斯．弗洛伊斯（Luis Frois）。不管有沒有時間，老師總是口沫橫飛地吹噓弗洛伊斯寫的又厚又長的《日本史》有多精采。

還有，我在羅馬的畫家遺孀家裡讀到的天正年間遣歐少年使節團，他們踏上歐洲的第一站就是里斯本。為了完成晉見教宗的使命，他們從這裡繼續旅行到羅馬。

還有……哀怨的葡萄牙命運歌（fado），也是源自里斯本。

仔細想來，這一切都和海有關係。葡萄牙藉著海洋伸展國力，藉著大海與日本交流。

（那麼，先去看海吧……）

「起床！」

我大聲吼著跳下床，非得這樣才有力氣上街。匆匆趕去旅遊服務中心，索取免費的地圖和觀光指南，坐在大街旁，迅速瀏覽一遍。

沒想到我住的旅館坐落在很有意思的位置上。

昨晚抵達里斯本，不知下榻何處時，路過的年輕人帶我去他知道的這家廉價旅館。旅館面臨城堡路，那是圍繞可說是葡萄象徵的聖喬治城（Castelo de Sao Jorge）和阿法瑪（Alfama）地區的一條大路。那一區以一個山丘為軸，里斯本的主要地點全都收在張開的扇面裡。年輕人指著他家的方位，那是阿法瑪地區。

我知道里斯本並不面海。它面積雖然遼闊，但並沒有直接面對大西洋，只是太加斯河（Tejo）河口的都市。不過，在地圖上，太加斯河口的規模有如一個海灣。但河就是河，不是海。里斯本沒有海潮味道並不奇怪。

我站起身來，為看那海，不，是看河而向前走去。

從羅西奧（Rossio）車站經過羅西奧廣場，繞入黃金路（Rua Aurea）。這一帶像是里斯本的最繁華區，高級珠寶店林立。經過這裡，就是方正建築物圍繞的科梅西奧廣場（Praca do Camercio）。我繞著迴廊穿越廣場，經過一條大街，來到太加斯河畔。

太加斯河遼闊得不像是一條河，幾乎稱得上是海。載著貨物和工作機械的大型船舶左拐右彎地緩緩航行其上。

左邊有個渡輪碼頭，乘客在此上下。我佇立的地方是個已經不堪使用的半圓形小碼頭。河水沖刷著坡度和緩的石造碼頭。前面有兩根大理石柱子。不知道那是實用的東西還是某種紀念碑，頗能象徵里斯本過去的光輝。

或許，當年南蠻船就是從這裡出港航向日本。或許路易斯．弗洛伊斯坐的船也從這裡出發。或許天正遣歐少年使節團也是在這個碼頭下船。那個西班牙文講師來里斯本時，一定也曾站在這裡撫今追昔吧！

## 船動搖決心

我從碼頭轉往聖喬治城。

聖喬治城是摩爾人（Moors，八世紀來自北非征服伊比利半島的穆斯林——譯注）興建的要塞，後來被十字軍攻陷，當作城堡使用。然而，聖喬治城成為里斯本的象徵，原因不在於它的歷史經緯，而是這裡是俯瞰里斯本的最佳地點。觀光指南說，景觀之佳，此地為最。

穿過城門入內，就看到安裝在城牆上的砲身。我沿著斜坡走去，視野豁然開朗。左邊是遼闊如海的太加斯河，右邊是一片紅瓦之海。真是鮮明的對比。

眺望之間，只有太加斯河上的天空有雲層，遮住了太陽，水面變暗。但陽光很快穿雲而出，一束金光直降浮在太加斯河的一艘船上，周圍的水面因而閃現白金箔似的光彩。

太加斯河光彩如閃耀的白金箔，聖喬治城下綿延數里的紅瓦就像水果攤上的鮮亮橘子。在陽光照射下，閃爍著泛紅的橙色。我在安卡拉和佛羅倫斯已經看慣紅瓦市區，但里斯本的紅瓦仍有些微妙的不同。或許是瓦土的顏色不同，也或許是製作的年代不同，更重要的是充沛陽光照射下的不同。在許多方面讓人覺得匱乏的里斯本，唯一豐富的東西就是陽光。

我坐在城牆上。忽然看到不遠處有份報紙。有人看完隨手扔掉的吧！我撿過來翻看。是里斯本發行的英文報紙。我翻著報頁。葡萄牙的政治變動、中南半島的戰爭新聞等幾乎引不起我看的慾望。視線只在標題上滑行。

翻到中間的頁數時，我的視線停住。

版面上排著幾個小方塊。起初我以為是不動產的廣告，很快就發現是船舶動向欄。里斯本港依然有來自世界各國的船隻進進出出。報紙上登的是這些船舶的入港和出港日期。

開往紐約的××號×月×日出港。

××號自馬賽×月×日入港……。

其中當然有開往亞洲的船。香港、基隆、還有往橫濱的船。再仔細看，幾乎都是貨輪，有幾艘也記載著乘客若干。總之，一艘經由南非開普敦、孟買、新加坡、馬尼拉、神戶、橫濱航線的船往日本，船票要二百九十美元。

二百九十美元！

這點錢我還有。在船上應該不用擔心伙食。只要二百九十美元，我就能回到橫濱。一個星期後出港，航程總共五十一天。五十八天後我就回到日本了。時簡直難以相信。但是我看了幾遍，報上確實這麼寫著。一個星期後出港，航程總共五十一天。五十八天後我就回到日本了。

正因為從沒想過要從里斯本搭船回日本，因此這個想法強烈地吸引了我。而且不是經過蘇彝士運河、而是繞過南非的好望角，路線和當年的天正遣歐少年使節團一樣。這足足可以彌補不去倫敦的遺憾。我就這樣坐船回去嗎……。從倫敦回去和從里斯本回去，好像沒有多大的差別。

我的心突然動搖起來。

## 喝醉的男人

夜深時，我走上羅西奧車站後面的石階，走在拜羅．亞特的民謠餐廳街上。我是沒有多餘的錢去民謠餐廳聽歌吃飯，只想在有歌聲傳出來的民謠餐廳附近的廉價餐館吃飯。

窄路上有好幾個民謠餐廳的看板，和希臘的布拉卡地區一樣，幾乎沒有行人，也幾乎聽不見餐廳裡傳出的歌聲。這一區不只是民謠餐廳，也有普通餐館，我分辨不出。

我走著走著，終於聽見一家餐廳傳出歌聲。葡萄牙民謠很像日本的演歌，唱的都是戀愛的悲傷、人生的辛酸，不過那家餐廳傳出來的是低沉渾厚女聲，有著和日本演歌歌手不同的氣勢與激昂。我站在門前傾聽時，裡面走出一個男人說，進來吧！我本來還想多聽一會兒，他這麼一說，我只好說不用，趕快走開。

在類似的巷道裡來來去去，酒館突然出來一個人。像是醉了，腳步踉蹌。我覺得危險，想要閃開，卻被他喊住。

「嗨！」

外表像葡萄牙人，但說的不是葡萄牙話。我本來不想理他，又怕惹出更多麻煩，只好站住。

「什麼事？」我用英語問。

他也用英語回答：「你在這裡做什麼？」

「只是走走。」

「找什麼嗎？」

我有股麻煩上身的不祥預感，回答說沒有。

「你有。」

他充滿確信地說。那種說法和存心找碴不太一樣。我於是問為什麼。

「你從剛才起就走過這邊好幾遍。」

我以為他醉了，沒想到他觀察得很仔細。原來酒館的窗戶是透明的。我改變態度，老實告訴他：「我在找餐廳。」

「想聽民謠演唱嗎？」

「不，只要便宜好吃的就行。」

「民謠好聽嗎？」

我點點頭，他問為什麼。

「剛才在外面聽過了。」

這時，他咧嘴一笑，「沒錢是吧？」

「嗯。」我老實點頭。

「想吃什麼樣的東西？」

「什麼都好。」

「便宜好吃？」

「嗯。」

「ＯＫ。」

他自己說好，踉蹌地往前走，停在一家民謠餐廳前。

「這……」

我趕忙叫住他，他轉著下巴像說「沒問題、進來吧！」逕自走進去。這是拉客的新手法嗎？我站著不動，他又走出來，清楚地命令我「來吧！」我很緊張，但看樣子這家也不像詭異的民謠餐廳。就算是拉客的新手法，也不至於剝下我的全身家當吧！我壯起膽子進去，他正和像是經理的人說話。

餐廳的舞台上，年輕女歌手正伴著吉他和曼陀林唱歌。只有三桌客人，女歌手的聲音渾厚有力。

他一直和經理模樣的人說話。等到女歌手的長歌結束後，他又向我挪挪下巴，做出「走吧！」的動作。這時我才知道他在幹什麼、又給了我什麼。

走到餐廳外後，他說：「大牌歌手要很晚才上場。」

「這樣已經夠了。」

他是想讓沒錢的我免費聽民謠。光是這點就讓我感激不盡。

繞過一個轉角，有家餐館。裡面毫無裝潢，甚至沒有桌布。很有大眾餐館的氣氛。

他和老闆交換三言兩語，讓我坐下。少年拿來菜單，但我看不懂葡萄牙文。想要問他時，他倒先問我：「魚還是肉？」

我說魚，他才指著菜單說這是鮪魚、這是鱈魚、這是鮭魚。

「這是花枝。」

「炸的還是煮的？」

「都有。」

「我要炸的。」

他告訴少年後，搖搖晃晃地站起來到外面。

一大盤滿滿的炸花枝圈，分量和味道都沒話說。

我專心吃著炸花枝圈時，他又搖搖晃晃地進來。老闆好像對他的舉動有點困惑，但沒有說話。

他問我怎麼樣，我說很好吃。

「你是日本人？」

「對。」

「旅行者？」

「對。」

「學生嗎？」

「不是。」

「做什麼工作？」

我不能像對巴塞隆納的那個小孩一樣冒充畫家，但我也怯於說自己是文字工作者，畢竟一年沒工作了。

「沒有。」

我說完後，反問他：「你呢？」

「我嗎？」

他只是笑，不久開始脫掉外套。我看著他不知他要做什麼，他突然捲起襯衫左袖，手臂伸到我面前。

從上臂到手腕有個利刃割裂的疤痕，大約三十公分長，那坑坑巴巴的傷痕沒有縫合的痕跡。他說這是工作。我只覺得不像是正經的工作。

「喝啤酒嗎？」

他放下袖子說。我一直拚命吃菜，忘了要喝酒。炸花枝圈配啤酒最對味。我還沒答應，他就向少年點了啤酒。

「啤酒！」

少年很快拿來「ＳＡＧＲＥＳ」牌子的啤酒。

我問他ＳＡＧＲＥＳ是什麼意思。

「地名，有個岬角。」

「在哪裡?」

我很感興趣。他環視四周,像在找寫的東西。他叫少年拿紙筆來,畫出伊比利半島簡圖,筆尖指著西南端的一點說「在這裡」。

我以為歐亞大陸的盡頭就是里斯本。但是在葡萄牙,當然有比里斯本更偏遠的地點。根據他畫的地圖,薩格雷斯就是葡萄牙的盡頭,伊比利半島的盡頭,也是歐亞大陸的盡頭。

「那是什麼樣的地方?」

「我沒去過,肯定什麼也沒有。」

這更吸引我了。歐亞大陸的盡頭,和啤酒同名的岬角。薩格雷斯。聽起來不壞。

算帳時,帳單上沒有啤酒錢。他是這餐館的熟客嗎?他說他總是在這一帶喝酒,想見他的話隨時可以來。

告別時我問他名字,他說「沒有」後又咧嘴一笑。

第二天我又登上聖喬治城。

這次是從阿法瑪那邊走來,阿法瑪如迷宮般的狹窄巷道裡密集著快要傾倒的建築。女人從曬衣服的窗口探出頭來,表情並沒有對外來者的嫌惡。因為是白天的關係,老人比小孩多。

一個老人拿著空酒瓶走著，我跟在他後面，看見他走進酒館。沒多久出來後，瓶子裡多了三分之一的紅酒。這裡的葡萄酒可以零售。聽說日本最近也開始有零售酒的商店了。老人捨不得浪費回家的這段時間，停下腳步先喝兩口。一副很享受甘醇的樣子。

我走進門口在烤魚和肉的餐館，午餐就吃烤牛肉配紅酒。

吃完後感覺醺醺然，登上聖喬治城的坡路。

里斯本是個舒適的城市。到處都可以感受到市民的溫馨。雖然它是在歷史上有過登峰造極時代的葡萄牙的首都，是曾在歷史上扮演過重要角色的都市，但現在和奢華璀璨扯不上一點關係。因為通貨膨脹，物價雖然不是歐洲最便宜的，但比西班牙低，氣候也比馬德里溫暖。市民雖然不是個個開朗快樂，但都祥和輕鬆，雖然說不好聽一點是沒有活力，但不會讓旅人感到緊張。

我很喜歡太加斯河和聖喬治城。民謠餐廳街和阿法瑪也是充滿魅力的街道。然而，我還是不認為這裡是我旅行的最後一站，雖然還念念不忘從里斯本搭船回國的想法，但總覺得還是不該在此結束旅行。

我坐在城牆上，看著伊比利半島地圖。尋找薩格雷斯，就在拉哥斯（Lagos）鎮旁。

其實昨天晚上我就知道了。和那手上有疤的男人分開後，我急急回到旅館查看地圖。

薩格雷斯果然在海角盡頭。我此刻登上聖喬治城翻看地圖，算是一種前往薩格雷斯的動身儀式。

的確，我可以從里斯本坐船回日本。雖然從里斯本或倫敦回去沒有什麼大差別。但還是有所不同。而且，我無法確定里斯本就是我旅行的最後一站。不是這裡。

我站起來，把刊載船舶動向欄的報紙揉成一團丟進紙屑桶。

「別坐船了！」

去薩格雷斯。雖然不知道那裡是不是我尋找的旅途終點，總之去看看再說。

## 薩格雷斯山岬

清晨，坐上八點五十分開往拉哥斯的巴士。

昨天去自由大道（Avenida de Liberdade）的旅遊服務中心問過，早上從里斯本出發，中午過後就到達拉哥斯。頂多五、六個小時的車程。

葡萄牙面向非洲的海岸線上，觀光客不輸西班牙的太陽海岸。聽說不只夏天，一年四季都很熱鬧。話雖如此，觀光旺季還是在夏天。在這聖誕節前的季節，沒有一個觀光客瘋到不去觀光中心法魯（Faro），而去拉哥斯，而且還要坐巴士去。

旅遊中心說有高速巴士往來里斯本和拉哥斯，我實際上去巴士站打聽時，知道高速巴士只營運到十月。這個季節只有每站都停的慢速巴士。因此，我坐的巴士真的是站站都停。那些簡陋的招呼站多半只有一個乘客上下。

越往南走，路旁的住宅和乘客的服裝越簡樸。在田裡工作或是走在路上的農夫臉上，都有我入境歐洲以來很少見到的深刻皺紋。

陽光很快地變強，鄉村風景也有微妙的變化。藍天下一樣是白牆紅瓦人家，但冒出紅土地上的不是綠色橄欖，而是黃色的橄欖。

不知究竟停了幾站，不只一百，有一百五十吧？好像更多。而且每到一站就停留許久，這樣下去，五、六個小時根本到不了拉哥斯。

黃昏了，候鳥排成美麗的隊形飛過西邊的天空。一隻落伍的笨鳥奮力地拍著翅膀追趕同伴。牠追得上嗎？這麼想時，我強烈地感知自己為什麼要去歐亞大陸的盡頭。

天黑前巴士終於抵達拉哥斯。

往薩格雷斯的車一小時後出發，我找尋市場買食物。麵包、火腿、炸魚，再加一瓶啤酒。

我究竟打算怎麼處理它們？在岬角吃喝嗎？沒錯，我要在大西洋巨浪拍打的薩格雷斯岬邊，獨自喝著同名的啤酒。我夢想這麼做。可是仔細盤算，坐上一小時後開的巴士，不可能在天光還亮時到達岬邊。

我對薩格雷斯一無所知，只是以為去了就會有什麼吧！從車站如何走到岬邊？距離多遠？天黑時還能去嗎？這些我都沒有想過，只一個勁兒地想著在薩格雷斯岬邊喝著同名的啤酒。

我很快就得到這思慮膚淺的報應。

我的半島地圖上，拉哥斯到薩格雷斯只有一站的距離。實際上車以後，二、三十分鐘還沒到。

天色已經全黑，遠遠看到幾星民宅的燈光。在拉哥斯上車的放學孩童也一個個下車，到最後包括我，只剩下三名乘客。

一個半小時後，巴士終於抵達薩格雷斯。

那裡只是一片空地。附近有一家商店，但已打烊，四周漆黑。這樣子根本去不了岬邊，連吃飯都不可能。更重要的是，我該怎麼辦？住在薩格雷斯？還是回拉哥斯？上車時聽說這輛車也是回拉哥斯的終班車。要回去的話，只有坐它。但就不知道為甚麼來這一趟了。薩格雷斯總該有一兩間廉價旅館吧！

我問司機，他說廉價旅館在這觀光淡季都已歇業，冬天還營業的只有國營的高級飯店波沙達（Pousada do Infante），而且一晚要三、四百元。換算日幣就是三、四千圓。我不得不放棄。就先回拉哥斯，明早再來吧？

這時，一旁聽到我和司機對話的乘客說，前面一公里處應該有家廉價旅館。我問了一下，像是青年旅館。真是謝天謝地，一公里遠不算什麼，我謝過他，勇敢高興地朝他指示的方向前進。

那是原野上唯一的路。沒有路燈，一片漆黑。只能依賴星光踽踽而行。

突然聽到狗吠聲。可能是原野上的野狗。不像是對我吼叫，但萬一是隻惡犬怎麼辦？萬一遭到攻擊可是呼救無門。這四周根本沒有人影。我突然膽怯起來。

不久，視野內的人工燈光完全消失，能見到的只有夜空的星光。這時我反而壯起膽子。萬一野狗真的攻擊我時，把本來打算在岬邊享用的火腿丟給牠就好。

提心吊膽中，仍然發現星空是說不出的壯麗。我停下腳步，仰望夜空，感覺那有如痛苦掙扎而激烈閃爍的星光穿過清澈大氣漫天墜下。

我豎起耳朵，聽到微微的浪濤聲。好像正朝著海邊走去。

我再往前走，遠處隱約看到白色的東西。好像是牆。或許是城牆。

但我走著走著，就是到不了那牆。我是看到海市蜃樓嗎？陽光下看到的海市蜃樓在星光下也看得到嗎？

一陣徒勞感襲來。這樣一直走總是到不了，是怎麼回事？而且越想越不覺得牆內的建築會是青年旅館。甚至有沒有那堵牆也值得懷疑，會不會走著走著、那牆突然消失、等我回過神時、人已從懸崖倒栽蔥似地墜落海裡？

我繼續往前走，發現二、三十公尺前有一隻狗面對著我。我看不出牠的毛色，但看得出體型約有我半個人大。

我縮步不前。顯然不經過牠身邊到不了我的目的地。牠未必是隻野狗。可是，我終究沒有通過牠身邊的勇氣。我不想和牠照面，一邊慢慢向右轉回來時路，一邊做好準備萬一牠撲過來時就把火腿丟給牠。

我所有的神經都集中到背部。那些神經肯定透過衣服、緊黏在旅行背包的背部。我走了十公尺、二十公尺後，狗還沒有撲來的跡象。差不多距離一百公尺時，全身已汗濕的難過。

好不容易回到剛才的招呼站，早已不見巴士蹤影。這下也回不了拉哥斯了。或許要露天野宿。幸好我有食物、也有睡袋。只要野狗不找我麻煩，到處都可以睡。

我找尋適當的場地，但天色幽暗，找不到適合的地方。

我下定決心，去敲附近一間像是商店的門。門縫微微透出燈光，裡面應該有人。我敲了兩三遍，終於出來一個男人，我連說帶比的用西班牙語問他這附近有住的地方嗎？我的西班牙文老師說過，大部分葡萄牙人也聽得懂西班牙文。他果然了解，用手勢說去那邊看看。那邊有個旅館。不過可能沒開，但是可以去看看。我謝過他，已有白跑一趟的心理準備。反正萬一沒有時再來借宿他家院子也行。

的確，下坡路的右邊是有一棟像是旅館的建築。

我摁門鈴，一個三十多歲的高瘦男人出來。頭髮全向後梳，留著修剪得很整齊的短鬚，和白襯衫搭配得宜。

「有房間嗎？」我用生硬的西班牙語問。

他卻用流暢的英語回答：「房間是有，可是這季節歇業了。」

但是他那不完全排斥的態度給了我一點勇氣，我告訴他想住在薩格雷斯，但是找不到旅館。他也知道我是坐巴士來的，如果打發我走，顯然我也不知道何去何從。

「你從哪裡來？」

我本想說里斯本，但想想又改口說日本。

他立刻浮現驚訝的表情，忙說先進來吧！

但是我踏進裡面一步，立刻感到後悔，因為內部的裝潢太漂亮了。不算寬敞但舒適的空間裡，布置著品味高雅的家具。就算要讓我住，價格大概也不是我能輕鬆付得起的。

他帶我上二樓，一個高雅的老太太坐在搖椅上看電視。好像是他母親。老太太先對我微笑，再傾聽她兒子用葡萄牙話述說經過。像是在商量要不要讓我住。看起來不像要拒絕我的樣子，老太太爽快地點頭。

兒子轉向我說：「就請住下吧！」

這下麻煩了。

「多少錢？」我為難地問。

老太太也用流暢的英語反問：「要有浴室的房間嗎？」

「不用。」

我趕忙否定。這麼漂亮的旅館附帶衛浴設備的房間不知要多少錢。我雖然已有露宿野外的打算，但還是習慣性地擔心。

「是嗎？只差十塊錢哩！」

只是一百日圓之差，為什麼告訴我。

「就住有浴室的房間吧！」老太太再次說。

我吞吞吐吐地，「可是……多少錢……」

「九十元。」

我懷疑自己的耳朵。九十元葡幣不過九百日圓。

「Only ninty?」

我想確定是不是真的只九十元？

「yes,only ninty.」她又微笑地說。

怎麼回事？那房間有什麼問題嗎？

我要求先看房間，她兒子帶我去看。

是間寬敞的雙人房。以黑色為基調的空間裡，並排著兩張鋪著蕾絲床罩的床。他推開右邊的門，是間有個刷得雪白的浴缸的寬敞浴室。

這房間真的只要九百日圓嗎？為什麼這麼便宜？我問他，他笑著說：「是為你的特別收費。」

「為什麼？」

他只是笑笑，沒有回答。

那一夜，我吃完在拉哥斯市場買的食物和微溫的薩格雷斯啤酒，把浴缸放滿熱水，好好地泡個澡。

躺在漿過的雪白床單上，我嘗到睽違許久的幸福感覺。

如果有人看到我的睡臉，一定狐疑我在笑什麼吧！這個念頭留在腦中一隅，我不知不覺陷入深沉的睡眠裡。

## 5

但是，不到翌日早晨，你是不會了解住在這家旅館有多幸福。

清晨，我在窗戶微微透入的晨光中醒來。看看錶，已經八點。正是起來的好時候。

我掀開毛毯跳下床，拉開窗簾，扳起窗戶的栓扣，推開木製的擋雨板時大吃一驚。窗戶正下方就是藍色的海，剛剛冒出水平線的太陽光芒耀眼。這棟旅館就建在海邊的斜坡上，我住的又是景觀最好的頂樓房間。大西洋逼在眼前，這麼說來，遙遠的對岸應該就是非洲大陸了。

我沖過澡下樓，年長女傭領我到面海的陽台。

那是一間玻璃暖房，充滿明亮溫暖的陽光。我獨自看著朝日緩緩上升，女傭很快端來早餐。麵包、果醬、奶油和咖啡。再簡單不過，但我覺得沒吃過比這更豪華的早餐了。

喝完咖啡，留短鬚的男人過來。

「睡得好嗎？」

「好舒服。」

我接著向他打聽，我昨晚原來要去的地方是哪裡？那裡真的有青年旅館嗎？他說那是大航海時代蓋的要塞，現在成為青年旅館和旅遊服務中心。那堵白牆不是海市蜃樓，是中世紀的要塞。

「要塞裡面有恩立克王子創設的航海學校。」他說。

恩立克王子（Infante Henrique）是大航海時代開創海上行路的葡萄牙國民英雄。他在這裡定居，招集天文學和地理學者、航海專家開辦航海學校。後來達伽馬（Vasco da Gama）能發現印度航線，都是拜恩立克王子的先驅業績所賜。這種說法多少摻雜了當地居民的自傲口氣。不論如何，恩立克王子具有先知卓見應該沒錯。

「你在里斯本看到『發現紀念碑』（Padrao dos Descobrimentos）沒有？」

那是建在太加斯河畔廣場上的帆船型紀念碑。我說看過時，他告訴我站在船頭的就是恩立克王子。我想起船上的眾多人物中確實有個形象特別突出的人物。恩立克王子就以王子而終、沒有成為國王嗎？他好像自己的遭遇般遺憾地說：

「他四十五歲過世時還是王子，而且……」

「而且什麼？」

「他也是獨身。」

他語氣中有些微自傷自憐的意味。也是獨身的「也」字，暗含著他自己也還是獨身的味道。

## 旅行之偶然

早餐後，我循著昨晚走過的路走向要塞（Fortaieza）。荒涼的原野上就這麼一條路。走在其間，不見昨天那隻狗，反而遇上一個牽著驢子的老人。

我用旅館那人教我的葡萄牙話問候老人。

「你好！」

「******」

老人說了些話，我聽不懂，不過一點也不妨礙，因為臉上的笑容就說明一切。

走進要塞，有棟當年充當航海學校的建築，也有一個白色圓頂的教堂似建築。向海的牆上也像聖喬治城一樣安裝著大砲。

我聽著浪濤聲，走在斷崖邊緣。向崖下窺看，海水像能看到海底般清澈。打上岸邊的浪花不算洶湧。

我茫然陷入一股奇異的感傷情緒裡。好像曾經來過這裡。

當然不可能，也應該不可能。我是三天前才知道薩格雷斯這個地名。可是我曾經站在這裡的感覺越來越強，到最後幾乎牢不可破。我不知道為什麼。我只知道我內心深處湧現這樣的感情。

彷彿古老的祖先記憶埋藏在我體內般，那記憶復甦起來。這個懸崖、這片海、這個天空、這個聲音……。沒錯，曾經有一天，我就站在這個懸崖上這樣眺望大海……。

回到要塞四處兜轉，看到像是旅遊服務中心的小辦公室。旅館的老太太正獨自坐在桌前。難怪英語那麼流利，也難怪她兒子願意幫助困擾的我。

「你好。」

我在門外招呼，她抬起臉微微一笑，「今天愉快嗎？」

「很好，謝謝。」

我驚覺自己正和她用西班牙語對答。感覺真的很好。

下午，我到和要塞反方向的聖文森特岬（Cabo do Sao Vicente）去。

大約走了一個小時，抵達孤零零建著一座燈塔的崖邊。這裡是歐亞大陸盡頭之岬。

一艘漁船漂浮在海上。太陽西斜，海面光燦耀眼。太加斯河水光燦如白金，薩格雷斯的海像鋪上細碎的金箔般閃耀著金黃色。

我突然想，我就是為了來到這裡，才做這一趟漫長的旅行嗎？好幾個偶然將我帶到這裡。我不必把這些偶然歸諸於上帝。那是風、是水、是光，還有巴士。我搭乘野雞車一路搖晃到這裡。是野雞車載我來的……。

我躺在嶙峋的岩石上，一直聽著打到崖上的大西洋浪聲。

晚餐也在旅館裡吃。

只為我這個客人服務的鬍子男人慢慢解說晚餐的菜色。聽了以後，我先要一瓶葡萄酒。他問我什麼牌子，我請他幫我挑選。我沒特別指定要家常酒，是因為想今晚豪華一點也無妨。而且，了解我狀況的他也不會隨便挑昂貴的酒給我。

他拿來的是當地製造的紅酒。

「這一帶叫做阿爾加威（葡萄牙南部的行政區和省，西和南瀕臨大西洋，首府法魯。南大西洋沿岸從聖文森特岬到西班牙邊界瓜迪亞納河一段稱為阿爾加威海岸，是葡萄牙最吸引遊人的旅遊度假勝地——譯注）。」

我看著商標，確實是ALGARVE。雖然讓我試飲我也分不出味道好壞，但他既然殷勤相勸，我只好含在口裡。口感很輕、很柔。

「很好！」

我說完。他就幫我把酒斟入杯裡，說「請享用」。

酒足飯飽後，他又問我喝咖啡還是紅茶。我說紅茶，他說很好，我問為什麼，他說我們這裡的紅茶很好喝。我又問為什麼。

「我們這裡特別取名餐廳與紅茶之家，紅茶用的都是上品。」

說著，他把印有旅館名字和地址的名片給我。

我看了先是一驚，接著想大笑。名片上這麼寫著：

RESTAURANTE E CASA DE CHÁ

這確實是葡萄牙文「餐廳與紅茶之家」的意思。但躍入我眼簾的是那個紅茶的CHÁ字。

我指著它問：「這是葡萄牙文的紅茶嗎？」他點頭說是。

怎麼說呢？我一直以為如同伊斯坦堡的Hanamochi所說的一般，我是從亞洲到歐洲，從佛教和回教國家到基督教國家，從「C」字開頭的茶國到「T」字開頭的茶國。事實上，希臘、義大利、法國、西班牙等都是「T」字開頭的茶國，沒想到經過那些國家，來到這歐亞大陸的另一端時，茶字又是「C」開頭。

我喝著香味濃郁的紅茶，想到這就是我懷念的「C」紅茶，就忍不住想笑。我從「C」出來，又回到了「C」……。

翌日，在晨曦燦爛的陽台上吃著早餐，心想，旅行該就此結束了吧？

第十八章

# 飛光啊！飛光啊！

終點

## 1

我在巴黎旅館一樓的狹窄餐廳裡，吃著典型的大陸式早餐。牛奶咖啡、麵包、奶油和果醬。麵包有三種，牛角麵包、切片的法國麵包和硬硬的圓麵包，裝在籃子裡。我飽嚐這一頓附在住宿費用裡的早餐。因為，今天將有一段長旅。

我住在歐迪昂劇場（Thèâtre National de Rodèon）旁邊的一棟小巧飯店裡。不但安靜，也靠近聖日耳曼德普雷教堂（Eglise St-Germain des Près），窗外還可看見盧森堡公園（Palaiset Jardin du Luxembourg）。費用對我來說是稍嫌貴了點，但只住兩天，也只有忍痛掏這腰包。

在那之前，我住在距離香榭麗舍大道（Les Champs-Elyseès）不遠的一棟小公寓裡。是原來租住的人暫時借我棲身，只象徵性地收一點房租。房間在舊公寓的五樓。算是閣樓，但我很滿意窗外可以看見艾菲爾鐵塔（La Tour Eiffel）的頂端。我總是有要從那裡出發前往倫敦的感覺。後來因為原來的屋主要住，遂在三天前搬到這家旅館。

沒錯，我已在巴黎晃盪了好幾個星期，終於要往倫敦出發囉！

吃完早飯，到櫃檯結完帳，扛起背包出門。

一月的巴黎雖然冷，但像今天早上這樣冷還是頭一遭。呼出的氣都是白濛濛的。

從飯店到歐迪昂地鐵站這段路我已熟悉，後來因為住在香榭麗舍大道那閣樓房間時，不論吃飯、看電影、閒逛，幾乎每晚都要走上一趟。

我在歐迪昂站坐地鐵到維雷特（Villette）巴士站，準備從那裡坐巴士去倫敦。雖然有點迷路，還好我的時間充裕，在開車前三十分鐘趕到。

我在候車室等候，開車前十五分鐘，司機過來打開停在站前的巴士車門，要我選喜歡的位子坐。我照例選擇右側最後一排的座位，茫茫然等著開車。

窗外一對年輕男女正離情依依。要走的是女孩，送行的像是法國男孩。他們緊緊相擁、耳鬢廝磨、情話綿綿。是因為冷嗎？男孩原地輕輕踏步。

只坐了三分之二的乘客，但八點一到，司機準時開車。車窗外的男孩動作誇張地向女孩喊說：下次休假我一定去。女孩憂傷地點頭，輕輕揮手。隨即不見男孩蹤影。

正是上班時間，往市區的對向車道相當壅塞。天色還不明亮，車輛都打開大燈緩慢移動。

當巴士開到市郊時，才看不見壅塞的車隊。車子很快就從工廠區駛進鄉村區。接著就是綿延不斷、整理得很好的農地。再走不久，四周一片雪白。昨天晚上下雪了嗎？仔細一看，那是霜，厚厚地蓋在路肩、田裡和屋簷上。

真的是冬天了。樹木乾枯、落葉殆盡。不知名的小鳥在光禿禿的樹枝上築巢。

巴士只在餐館略事休息，和在一個小鎮上客後，幾乎不再停車。

## 來到巴黎

我在葡萄牙海角之岬薩格雷斯只停留三天便奔回巴黎。雖然想住久一點，但擔心這樣磨蹭下去又會改變主意。我怕失去好不容易掌握到的結束旅行時機。

不過，從拉哥斯到法魯、法魯到維拉雷爾、在葡萄牙國境搭乘渡輪到西班牙的阿亞蒙提，再從阿亞蒙提到維爾瓦（Huelva）、從維爾瓦到塞維爾（Sevilla）、塞維爾到馬拉加（Málaga）、馬拉加到哥多華Cordoba），這一路轉搭巴士中，我發現自己又開始享受旅行的愉悅了。因此經由托萊多（Toledo）回到馬德里後，立刻坐上開往巴黎的長途巴士。

巴士奔馳了一晝夜，抵達午後的巴黎。

我先去拉丁區（Quartier Latin）。記得聽人說過索邦大學（La Sorbonne）附近有廉價旅館。

我搭地鐵到聖米榭爾（St-Michel），在索邦大學附近找廉價旅館。但是最便宜的旅館單人房一晚都要二千日圓。如果只住一晚也就罷了，可是我不知道自己要住多久。從薩格雷斯一口氣趕到巴黎，難免有晚些時候再去倫敦的想法。如果要長住巴黎，房價至少要壓到一千五百圓以下。但是怎麼找都找不到，看樣子只有直接去倫敦了。

當我一間間旅館打聽價錢時，這雙腿也不知不覺從索邦大學走到歐迪昂劇場，又走到聖日耳曼德普雷教堂。

那時，迎面走來一個和我一樣扛著背包的東方人。他那氣質不像是旅人，像是住在巴黎的學生。大概也是日本人。擦身而過時我用日語輕聲說：「你好。」

他也爽朗地回我一聲「你好」。

我走了幾步後突然回頭：「請問……」

「什麼事？」

他表情有點警戒，聽到我問他附近有沒有廉價旅館後說：「你在找旅館？」

我老實說明現在的狀況，他聽完後說：「還真是巧哩！」然後指著路邊一座咖啡屋說：「先去那裡吧！」

點過咖啡後我問：「什麼意思？」

「我是不知道廉價旅館，但房間不是沒有……」

我越聽越迷糊，不知說什麼好，他主動解釋說：他在附近租房子住，房間很舒服，但因為房東要整修房子，一月二十日以前必須搬走。他於是另外找房子，剛剛才找到一間雖小但交通很方便的房間。他想暫時住在那裡，再繼續找可以長住的合適地方。因為一月二十日以後才要去住，房間暫時空著，是有點浪費，但又怕到時太匆忙找不到好的，於是現在就把房間定下。

他說：「在一月二十日以前你可以先住在那裡。」我說根本付不起那種房租。他說免費借你住也無妨，房間有人住總比空著好。我說實在感激不盡，但也不能白住。他說你要付錢也可以。我說既然這樣，一天十法郎怎麼樣？我打的已是如意算盤，他卻笑著說，一天五法郎吧！說起來，一天不過三百日圓。

「可以嗎？」

「沒問題！」

我們接著聊了兩個鐘頭。我知道他叫松田，為學彩色玻璃技術，在巴黎已經住了四年，他也是工藝學校的學生，最近還接受諾曼第教堂委託製作彩色玻璃。

「你今晚就可以住進去，等一下先到我那裡，我把鑰匙拿給你。」松田說。

我們到他的公寓時，門前有個年輕人正在等他。他介紹我認識，是工藝學校的朋友，希臘人，叫安東尼奧。他們約好一起吃飯。聊天時，我發現學繪畫設計的安東尼奧很有意思。

他會說日語單字，曾在日本住了八個月。他說他那時打工教英語，我大吃一驚。因為他的英語實在很破。

「我在澀谷的補習班教英語。」

「啊？」

「後來也在成田那裡教。」

「成田哪裡？」

「教成田山的和尚啦！說是國際機場建好後，來寺廟參訪的外國人很多，想學好會話以便溝通。」

「他們後來能講嗎？」

「學了幾年還是不行。」

我大笑說，成田山也找了一個英語很破的老師吶。這時一個嬌小的法國女孩抱了一堆食物進來，是松田的女朋友。

我們一起做飯，吃、喝、聊天、收拾，一直樂到晚上十一點。

松田借我住的房間就在喬治五世地鐵站下車，沿著香榭麗舍大道向凱旋門往前走不久的轉角處舊公寓裡。可以說就在香榭麗舍大道的正後方。

公寓沒有電梯，電燈開關在漆黑的樓梯轉角旁。我打開電燈，微微照亮木板樓梯。我爬上五樓，把行李放在門前，用鑰匙轉開門鎖時燈突然熄滅。起先以為是燈泡壞了，第二天才知道那是法式省電法。當我拿著鑰匙打開房門走進房間時，滿心是對松田的感激。環視房間，一張床、一個塑膠衣櫥、再加上一個洗臉台。房間很小，斜斜的天花板上有個窗戶。廁所在樓梯後面，是公用的。我打開窗戶想流通空氣，發現窗口面對中庭，整棟建築呈匚字型。越過對面建築的灰色屋頂，可以看到艾菲爾鐵塔的頂端。我在這偶然住進的閣樓房間裡敞開窗戶眺望外面，直到冷得發抖才關窗休息。

第二天我便展開我的巴黎生活。

巴黎生活很容易。她和我過去經歷的城市不同，雖然也陰暗寒冷，但不會覺得寂寞。或許巴黎才是真正的都會。

當然，不管說是生活還是過日子，都不是我在真正生活過日子的意思。我在巴黎什麼也不做，就只是走路而已。

為了省地鐵費，我也從香榭麗舍大道走到拉丁區。去蒙帕拿（Montparnasse）、蒙馬特（Montmartre）、布隆森林（Bois de Boulogne）也都用走的。巴黎有公園、有書店、有電影院，還有美麗的街景。怎麼走都不覺得膩。

吃飯也不是問題。有時候松田和他朋友請我，多半時候是吃市場買來的熟食，或吃學生光顧的套餐店。遇到特別的日子就到街角的食品店買半打生蠔，回去配白酒吃。聖誕夜也是這樣過的。

我就在這樣安適的日子裡迎接新年。

那天，心想該離開巴黎了吧！

這趟旅行應該在薩格雷斯就結束的，結果還懸在半空未決。像是沒有打上句點的文章。該打上句點結束了吧！即使這樣遷延下去，該決定的時候還是會來。

我到索邦的旅行社去買到倫敦的巴士車票。從法國的加來到英國的多佛（Dover）這一段是搭渡輪。

翌日，離開香榭麗舍大道的公寓，把鑰匙還給松田，搬到先前就感覺不錯的歐迪昂劇場旁邊的飯店裡。

朝陽升上只能看到頂端的艾菲爾鐵塔上方。我知道參觀艾菲爾鐵塔要收門票，但去時發現門票超出我的預算太多，因此很遺憾，我沒上去，改以一瓶白酒、半打生蠔代替。

蒙帕拿的餐廳前擺著一個排滿生蠔的台子。一個中年人站在台子後面。我要半打外帶後，他立刻用鐵鉗撬開牡蠣殼。

看著他俐落的技術，想起去薩格雷斯途中，順路去的馬拉加的一個小酒館。牆上排滿葡萄酒桶，可以零售各種牌子的葡萄酒。細長型的吧檯後面，也有一個歐吉桑用這種鐵鉗撬開大蚌殼的殼。一杯葡萄酒五披索、一粒生蚌八披索。我點了葡萄酒和鮮蚌後，歐吉桑就從籠子裡抓出一個大蚌殼撬開，割下蚌肉，切成三塊，擠上新鮮檸檬汁。他那俐落而有節奏的動作簡直是行家手藝，而且蚌肉非常鮮美。

巴黎這位歐吉桑的功夫也不輸馬拉加那位。他把瞬間處理好的生蠔排在鋪著冰塊的木桶裡。加上半顆檸檬，裝蓋後放進塑膠袋裡遞給我。我拿在手上，總覺得在這裡吃比一個人在飯店裡享用好。我把酒瓶拿給歐吉桑看，作出「我們在這裡一起喝酒好嗎？」的動作。他微微一笑，從裡面拿出開瓶栓和兩個玻璃杯。

我們當場辦起只有兩人的酒宴。我一再請他，他還是只喝酒，不吃生蠔。

那是我在巴黎過的最後而且滿愉快的一夜。

巴士駛出巴黎約六個小時後，下午兩點抵達法國大西洋岸的港都加來。

法國的移民局官員上車，輕鬆地蒐集乘客的護照後下去。沒多久，護照上都蓋好出境章，再親切地還給大家。

我本來以為這趟最後的巴士之旅會出現一兩件值得紀念的小麻煩，可是一切順利無礙。

巴士直接開上渡輪，乘客下車，登上船艙。船尾的餐廳前立刻排起隊來。餐點是自助式，但價錢太貴，我忍著沒吃。省略一餐不算什麼。何況我為了熬過這餐，早餐時特地多吃了麵包。

我繞到前面的沙龍，幾個法國人在裡面喝酒大聲聊天。其他客人對他們有些不耐，但也只能偷偷表示。我走到甲板。太陽在渡輪的左邊。下午兩點剛過，太陽已低，陽光也弱。我看了一會兒太陽和大海後，覺得冷，又回到船艙。

船行一小時後，前方終於看到陸地。一片陡峭的斷崖，略帶褐色的白岩石上寸草不生。

那就是英國嗎……。

倫敦就在前面嗎……。

突然，一句台詞浮現腦海。是那輛嬉皮巴士同車的荷蘭人臨別時說的一句話。當時，他指著那輛千里迢迢要返回故鄉的巴士說：

「From Youth to Death!」

我把那句話解釋成「從青春開往墳場」。而我，是否也是從「青春」一路走向「墳場」呢？這是走向「墳場」的第一步嗎……。

## 2

渡輪靠近英國的多佛港。

聽到船上廣播、我們這些乘客再度坐進巴士後，隨即感到一陣大船靠岸的輕微撞擊。

出口打開後，巴士直接駛向入境管理處。我們再度下車，走進建築，在窗口排隊等著接受入境審查。我已經歷過幾十次這種從一個國家進入另一個國家的經驗。也是最後一次排這種隊。

我照例迅速環視一遍，以判斷排哪個窗口動作最快。不是我有心病，萬一排到審查特別嚴格的那一列，官員審查起來極耗時間，隊伍總是遲遲不前，讓人焦慮不已。我根據以往的經驗，想藉直覺找出哪一排最快。

可惜在這裡，找不到這樣俐落的官員，每一個都盡忠職守地嚴格審查。沒辦法，我只好選擇人數最少的那一排。

沒想到這也失算。

起初，隊伍的移動還算順利。可是到了我前面幾號的兩個阿拉伯人時，隊伍突然打住。官員執著地追問種種事項，要他們提出各種文件。我有不祥的預感。之前就已經有漠然的不安，此刻，這份不安漸漸膨脹。

結果，那兩個阿拉伯人只有一個獲准入境，另一個遭到拒絕。兩人用阿拉伯話交談後，一個走向等著開往倫敦的巴士，另一個朝返回法國的渡輪走去。我更加不安。可是，我並沒有被拒絕入境的理由。我沒有犯罪，也沒有攜帶危險物品。至少，之前在歐洲各國都沒有問題。

終於輪到我了。

年輕官員看著我的護照問：「做生意還是旅行？」

「旅行。」

「倫敦的飯店？」

「還沒決定。」

目前為止只是一般問答，但接下來的問題加深我不祥的預感。

「回程機票？」

「沒有。」

官員快速翻閱我的護照，開始檢查蓋在上面的各國出入境章。我益增不安。他搜尋似地看了一會兒後問我，「離開日本多久了？」

「約一年……」

「攜帶金額？」

「五百美元。」

我當然沒帶那麼多，但那一瞬間覺得萬一報少了引起他懷疑，恐怕多添風波。其實冷靜想想，五百美元實在不多。我應該更多報一點，但又擔心他叫我拿出來查看。

「預定停留多久？」

「兩三天。」

他按鈴後另一個官員出現，抄下我的護照號碼又消失不見。

「到倫敦做什麼？」

「觀光。」

「主要景點是哪裡？」

「不知道，大概到處走走……」

剛才消失不見的官員伴隨一位中年官員回來，年輕官員迅速向他報告後，中年官員點點頭，對我說：「請隨我來！」

我跟著他到一個小房間。他很客氣地命令我：「去把行李拿來好嗎？」

旅行背包已被巴士司機送到海關那邊，他叫我把背包拿到這邊。

我把背包拿來後，他叫我把裡面的東西都拿出來。我懼憤交織地問：「有什麼問題嗎？」

他口氣平靜地說：「沒有。」

我把東西都排在寬廣的台子上。

他翻閱我的記事本，不經意地拿起我隨手塞放作廢車票和旅館名片的塑膠袋，把裡面的東西都倒出來。一張張仔細看。他好像在看寫在上面的地址人名，那是我和各地認識的新朋友交換的地址。

不久，他看著一張紙片問我：「這個人是誰？」

那是在設拉子旅館同房的倫敦青年安德魯。

「旅行時認識的人。」

「哪裡認識的？」

「伊朗的設拉子。」

「會去找他嗎？」

「不，我想他還在旅行吧！」

我沒有自信，但還是這麼說。

他拿起電話不知打給誰。我聽不到談話內容，但聽到他唸了一段住址。

我感覺到他們正在進行徹底的調查。

我開始擔心或許進不去英國了。起初我還抱著隨你們怎麼辦的樂觀心態，但看到中年官員的嚴肅認真眼神後，擔心自己的旅行運氣終於要結束了。過多佛海峽之前，我還天真地想著這趟最後之旅太過順利，是否會發生一兩個值得紀念的小麻煩？果然遭到報應。

但這一切又太莫名其妙，讓我很生氣。我為什麼必須接受這樣的檢查呢？只因為我是日本人嗎？

我想起去年年底倫敦的牛津大道發生一件爆炸案。巴黎的英文報紙有報導這個新聞：百貨公司被炸，造成數人死亡，但緊接著的聖誕節銷售戰就推出「爆炸促銷」的折扣。那是ＩＲＡ（北愛爾蘭共和軍）的恐怖行動，和日本的極左派並無關係。

「究竟有什麼問題？」我又問。

「沒有什麼大問題。」

他嘴上這麼說，卻又仔細翻檢我的睡袋。我忍不住怒氣，真想破口大罵。算了，我回巴黎好了！這樣莫名其妙的檢查讓人很不愉快。即使我想拜訪這不歡迎我的國家……。可是，我雖然氣憤這樣被人懷疑，但我還是想去倫敦的中央郵局發那封電報。事實上我也沒有發抒我那憤怒感受的英語能力。

看完住址之後他又看信。他取出寄到各國日本大使館轉給我的信，查看信封時我粗聲粗氣地問：「這個國家入境時可以翻看私人信件嗎？」

他面無表情地回答：「不必擔心，我不懂日文。」

這時有電話進來，他聽完後說聲謝謝，掛掉電話，轉向我說：「不好意思，耽誤你了。」

我因為怒火難遏，連「哪裡」這句客套話都說懶得說。只是尖銳地問，不用再檢查了嗎？他簡單說「不用了」。這樣就能入境嗎？可以入境。他說著，坐在桌前，打開我的護照，蓋章後問：「一個月可以嗎？」

「不需要，兩三天就夠了。」

我故意諷刺地說，但他不以為意，「都一樣，久一點也沒困擾。」說著，在護照上寫上「ONE MONTH」後交給我，「祝你倫敦之旅愉快！」

走出小辦公室又通過海關檢查，終於趕上久候的巴士時，司機說再晚一分鐘他就要開車了。因為我的緣故，讓全體乘客多等了三十分鐘，真是抱歉。其實我毋寧是被害者，責任在於入境管理處，但我還是向所有乘客輕輕鞠躬表示歉意。有幾個人回以微笑，像是說「飛來橫禍嘛」。

開車不久，我的怒氣便已平息，反而心生恐懼。他們或許不是認為我和恐怖活動有關，而是擔心我會非法就業。正因為理由不明，所以害怕。我以為英國不會像中近東國家那樣有理說不清，然而即使是民主先進的英國，畢竟還是異國，總有無法預料的意外。對我來說沒有道理的事，對他們來說則有充分的理由。就像在巴基斯坦白夏瓦發生的事。跑出電影院的我莫名其妙地被警察逮捕，當時我若是輕率反抗，就算當場被槍殺也沒得抱怨。

心緒略微平靜後，我才有心欣賞車外的風景。

低垂的太陽變得更大，斜向西邊，顏色更紅。之前經過的南歐房屋幾乎都是白牆紅瓦，進入英國後立刻全變成屋頂牆壁都是焦褐一色，沉沉地印入眼裡。

車子開始爬坡，來到前進方向一覽無遺的地方。遠處有座整然有序的平靜小鎮。許多屋頂都凸出一根煙囪，冒出一縷白煙。英國鄉村的黃昏景致真美。

不久，太陽西沉。西邊天空還保持著光亮，只見東邊天空的幽暗漸漸進逼，慢慢吞噬了西空的光亮，夜也跟著降臨。

## 3

早上，在距離大英博物館五分鐘距離的旅館吃完豐富的英式早餐，我嘀咕著「該走了吧！」

昨天一整天在倫敦街頭閒晃。從牛津街（Oxford Street）到攝政街（Regent Street），從皮卡迪里大道（Piccadilly Ave.）到海德公園（Hyde Park）。吃著熱呼呼的腎子派，踩著落葉沙沙而行。

下午坐上橫貫倫敦的最長路線巴士。

從帕丁敦車站（Paddington）坐上往西開的巴士，到達終點後再搭往東的巴士。到終點時又換往西的巴士，傍晚時回到皮卡迪里廣場。

在蘇活的中餐館吃過飯，再到附近的酒館喝啤酒。在店裡認識從荷蘭一路搭便車而來的年輕人，聊著聊著時，來了一個醉漢，請我們各喝一杯酒，他請的可不是啤酒，而是琴酒。我們笑說這時候喝這種酒好像還早。這時另一個自稱來自幾內亞（Guinea）的醉漢聽說我來自東京時，就問「你認識伊藤嗎？」我說：「認識，認識。」荷蘭人便笑著說：「東京是個很小的城市哪！」我笑著點頭說，對，因為只住了兩個人。

倫敦的這一天像小時候的假日般愉快……。

## 目的地不是終點站

今天早上，我終於要去中央郵局了。

我聽這家正宗的英式「B＆B」旅館的老闆娘說，倫敦的中央郵局在特拉法加廣場（Trafalgar Square）。從侯本（Holborn）地鐵站搭乘中央線，在托丁漢法院路（Tottenham Court Road）站轉乘皮卡迪里線往查令十字站就是。

這是真正的旅途終點。等我發完電報，剩下的就只是回日本了。但奇怪的是，我對要回日本這事絲毫沒有真切的感覺。

我在巴黎打聽過，回日本最便宜的方法是買蘇聯民航（AEROFLOT）的超廉機票。有些日本人到了歐洲錢花光後就廉價賣掉回程機票，部分旅行社就有經手這種機票，但價格超廉。當然機票是別人的名字。我記得有張最便宜的回程票有效期間只剩兩個星期，名義又是女性，價錢只要一百二十美元，真是難以相信用這種票能出得了境。就算航空公司不追究，護照恐怕也會被取消。可是旅行社的人平靜地說，蘇聯民航是從奧爾利（Orly）機場起飛，沒問題，很多人都是這樣回日本的。如果真的不行，可以原價退票，只要取消蘇聯民航的訂位就好。他笑著補充說，不過，墜機時怎麼賠償就不知道了。

總之，只要一百二十美元就能回到日本。既然巴黎有一百二十美元的機票，倫敦應該也有，即使沒有，再回去巴黎買也行。我身上的錢還能撐到那時候。

終於能夠回日本了，可是我沒有即將回去的現實感。既不高興也不落寞，沒有特別的感觸。去倫敦中央郵局發電報，只是這段漫長旅途的最高潮。雖然腦中不必有管樂齊奏的歡呼，但有那樣的感覺也不錯。

抵達特拉法加站。我站在廣場上的納爾遜將軍銅像前。正面是還沒去過的國家畫廊。我在廣場散步，想醞釀一點興奮的氣氛，但依然毫無感動。

這時，該發的電報文字浮現腦中。該說什麼呢？我確確實實一路從德里坐野雞車來到倫敦了。

**我到了**

這是最正統的說法，可是不符合我此刻的心情。的確，我是從德里坐巴士來到倫敦。這場打賭我贏了。但我能順利到達這裡，多虧朋友們這些取代為我餞行的賭金。如果沒有這些錢，我在馬德里時就已一文不名。這麼說來，我或許該說「我們成功矣」。但他們明白這個「我們」是隱含我感謝他們的意思嗎？我是託他們之福才到得了倫敦。但怕他們因此懷疑，「難道那小子帶著女人同行？」所以還是簡單地說「本人成功矣」就好。

我想，還是寫成羅馬拼音的「WARE TOUCHAKU SERI」較好吧！但比起日文的「本人成功矣」，總覺得缺乏震撼力。或許應該寫英文。但是「I ARRIVED AT LONDON」這樣幼稚的英文也不像話。該用現在完成式，還是過去完成式？萬一弄錯了，豈不被他們笑，在國外旅行一年了，英文一點也沒進步……。

旅館老闆娘說中央郵局在特拉法加廣場，我找了半天沒看到，於是問路過的警察。

我照他說的方向前進，果然在廣場後面找到，我是以東京中央郵局的規模來想像倫敦的中央郵局，沒想到這麼小，相當訝異。

終於到了。心中暗自嘀咕，什麼也沒發生，讓我有些失望。經歷入境時的那番折騰後，我居然還期待會發生什麼事情。

進入郵局，找不到電報窗口。不過還是要先決定內容。我在窗台上的各種用紙中找尋電報用紙。沒有找到，於是詢問窗口人員。

「我想發一封電報。」

「什麼？」

酷似彼得奧圖的長臉金髮男性皺著臉問我。

「我想發電報……電報紙在哪裡？」

他噗嗤一笑，隨即恢復正經的表情說：「你不能在這裡打電報。」話中有點調侃的意味。他什麼意思？我有點強硬地問，為什麼？

「這裡不是電信局。」

「啊？」

「電報要去電信局發。」

「啊！」

我這才發現自己搞錯了。但為了謹慎起見，還是問：「這裡不能發電報？」

「不能。」

電報不是從郵局、而是從電信局發出。說起來理所當然。但我為什麼一直認為到倫敦後要到中央郵局發電報呢？可能是因為我從沒發過電報、又以為既然有專人送達、便和郵局混在一起了。

我有點不好意思，小聲問他：「電信局在哪裡？」

他換上真誠的笑臉說：「到處都有。」

「怎麼說……」

「電報是用電話打的嘛！」

「……」

我默默離開窗口，直接走出中央郵局。

我越想越覺得奇怪。是嗎？電報不是發自郵局。因為電報發自電信局。

我決定這趟旅行的終點就在倫敦的中央郵局。即使旅途的真正終點是其他地方，只要不能在倫敦中央郵局發出電報，就不算打上最後的休止符。可是，中央郵局又不處理電報。

我不知不覺從攝政街走到皮卡迪里廣場。

只要有電話的地方就能打電報。這麼說來，倫敦的任何地方都能發這封電報囉！不，或許不必是倫敦……。

我勉強壓抑想笑的衝動。其實，再繼續旅行也無所謂，想結束時，那地方就是我的中央郵局。

街旁有幾家旅行社。我走進販售特惠票的那一家，詢問是否有船票。女職員說當然有，「到哪裡？」

「……」

「你想去哪裡？」

哪裡好呢？我想起巴黎閣樓房間隔壁的年輕人說過冰島。去冰島可以做搬魚的工作。工作艱苦，但是工資很高。我就暫時去冰島工作一陣子吧！

「冰島呢？」

她笑著說：「當然有。」

我走出旅行社，鑽進附近的公共電話亭，拿起話筒，沒丟銅板就撥號。

**9273—8682258—7398**

對照鍵盤上的字母，應該是W、A、R、E—T、O、U、C、H、A、K、U—S、E、Z、U。

**我們尚未到達**

# 後記

我在想，真的好長啊！

當然，我說的是從香港到倫敦的路程很漫長，但感覺更漫長的是，我寫這一段輕狂人生之旅時，從《第一班車》的第一行到這本《第三班車》的後記所花的時間。真的好長啊！

關於這本「深夜特急」之旅，在我結束旅程回到日本後便努力化為文字。歷經多次嘗試，總是片段而終。多虧產經新聞文化部的筱原寬先生，給我將它們一鼓作氣完整發表的機會。《第一班車》和《第二班車》在產經新聞晚報的小說欄連載一年三個月。

因為預定的連載期間結束時我還沒到達倫敦，只好在寫到伊朗時暫時擱筆，剩餘部分預定一次寫完。《第一班車》和《第二班車》同時出版時，我還相信《第三班車》很快就會問世。但這「很快」實在漫長。整整等了六年。

理由有好幾個，但寫完之後都已無所謂。只是覺得這本《第三班車》確實需要這六年。

似乎人都需要一定程度的時間，才能從深深沁入體內的經驗束縛中獲得解放。

在「深夜特急」之旅後我又旅行多次，但多多少少都受到「深夜特急」之旅的影響。亦即，那些沒有「深夜特急」那種徹底性的旅行總讓我感到有所不足。直到最近，我才能作一趟和「深夜特急」之旅完全不同的異類旅行。這本《第三班車》出版，讓我變得更自由了。

旅行的「深夜特急」沒有同伴，但書籍的《深夜特急》卻一直有同行者。新潮社的初見國興先生對我的「第三班車」一再誤點，從無怨言，只是耐心等待。因此書籍的《深夜特急》能夠抵達倫敦，也多虧了初見先生的忍耐與友情。

如果有人看過本書後想要旅行，我想送他兩句朋友的叮嚀：

不要害怕！

但要小心。

一九九二年九月十九日

澤木耕太郎

國家圖書館出版品預行編目（CIP）資料

深夜特急第三班車：飛光啊！飛光啊！／澤木耕太郎作；陳寶蓮譯. -- 三版. -- 臺北市：馬可孛羅文化出版：英屬蓋曼群島商家庭傳媒股份有限公司城邦分公司發行, 2024.08
面；　公分. --（當代名家旅行文學；MM1106X）
譯自：深夜特急第三便　飛光よ、飛光よ
ISBN 978-626-7356-93-7（平裝）

1. CST: 遊記　2. CST: 亞洲　3. CST: 歐洲

730.9　　113008939

MM1106X

# 深夜特急第三班車：飛光啊！飛光啊！

深夜特急第三便　飛光よ、飛光よ

作　　者❖澤木耕太郎
譯　　者❖陳寶蓮
特別版序翻譯❖周奕君
封面設計❖廖　韡
內頁排版❖張彩梅
總　策　畫❖詹宏志
總　編　輯❖郭寶秀
行　　銷❖力宏勳

事業群總經理❖謝至平
發　行　人❖何飛鵬
出　　版❖馬可孛羅文化
台北市南港區昆陽街16號4樓
電話：886-2-2500-0888　傳真：886-2-2500-1951
發　　行❖英屬蓋曼群島商家庭傳媒股份有限公司城邦分公司
台北市南港區昆陽街16號8樓
客服專線：02-25007718；02-25007719
24小時傳真專線：02-25001990；02-25001991
服務時間：週一至週五上午09:30-12:00；下午13:30-17:00
劃撥帳號：19863813　戶名：書虫股份有限公司
讀者服務信箱：service@readingclub.com.tw
城邦網址：http://www.cite.com.tw
香港發行所❖城邦（香港）出版集團有限公司
香港九龍土瓜灣土瓜灣道86號順聯工業大廈6樓A室
電話：852-25086231　傳真：852-25789337
電子信箱：hkcite@biznetvigator.com
馬新發行所❖城邦（馬新）出版集團
Cite（M）Sdn. Bhd.（458372U）
41, Jalan Radin Anum, Bandar Baru Seri Petaling,
57000 Kuala Lumpur, Malaysia.
電話：+6(03)-90563833　傳真：+6(03)-90576622
電子信箱：services@cite.my

輸出印刷❖中原造像股份有限公司
三版一刷❖2024年8月
定　　價❖420元（紙書）
定　　價❖294元（電子書）



ISBN：978-626-7356-93-7（平裝）
ISBN：978-626-7356-97-5（EPUB）
城邦讀書花園
www.cite.com.tw